AF602355

Établissements Albert BUTIN

PARIS

SIÈGE SOCIAL & BUREAUX :
35, RUE DES MARTYRS
TÉL. : TRUDAINE 06-18

USINE :
16, RUE COMPANS
TÉL. : NORD 11-42

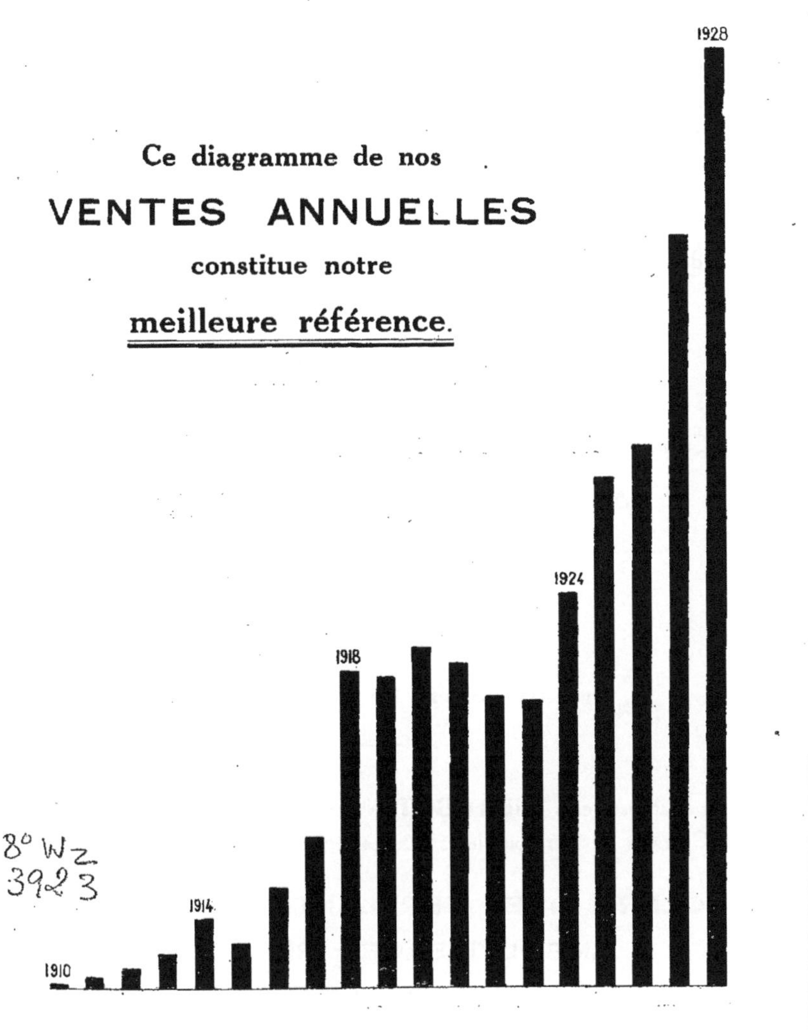

Notre bureau d'études et notre atelier d'essais, spécialement organisés pour

L'ÉTUDE ET L'EXÉCUTION DE NOUVEAUX TYPES

nous permettent de suivre le développement de l'éclairage à l'acétylène en créant de nouveaux modèles répondant aux désirata des divers services.

Tous nos appareils d'éclairage à l'acétylène sont, avant leur livraison, soumis à un essai complet avec charges d'eau et de carbure et allumage ; il en résulte que l'intérieur présente parfois des traces de carbure, d'humidité ou de légère oxydation. Cette particularité est donc une garantie de bon fonctionnement.

En dehors des

APPAREILS D'ÉCLAIRAGE A L'ACÉTYLÈNE

les Établissements **A. BUTIN** fabriquent également tous les

APPAREILS D'ÉCLAIRAGE
A L'HUILE
AU PÉTROLE
ÉLECTRIQUES

en usage sur les réseaux français.

Les Établissements **Albert BUTIN** fournissent également aux Compagnies de Chemins de Fer tous leurs articles règlementaires de

TOLERIE FINE - FERBLANTERIE - BIDONNERIE

EMBOUTISSAGE - REPOUSSAGE

DÉCOLLETAGE

NOTES

sur

L'ACÉTYLÈNE

Formule chimique $C^2 H^2$, soit 92,3 de carbone, 7,7 % d'hydrogène.
Poids moleculaire : 26.
Densité : 0,906. Un litre pèse 1 gr. 17.

ACÉTYLÈNE DISSOUS. — La solubilité de l'acétylène dans l'acétone est de 31 fois son voluume à 0° sous 760 m/m de pression et de 360 fois sous 12 kilogs. L'acétylène dissous commercial coûte environ 3 fois plus cher que l'acétylène ordinaire.

POLYMÉRISATION. — L'acétylène se polymérise facilement sous l'action de la chaleur dès 110° ; les polymères ont un mauvais rendement lumineux, le carbone produit encrasse les becs, il faut donc éviter cette polymérisation le plus possible en n'utilisant que de bonnes lanternes et de bons becs.

ACTION DES MÉTAUX. — Son action est presque nulle sur tous les métaux usuels y compris le laiton ; seul le cuivre rouge peut former une réaction avec l'acétylène, mais dans des conditions très difficiles sinon impossibles à réaliser dans la pratique.

IMPURETÉS. — La proportion d'impuretés chimiques contenues dans l'acétylène produit dans les lanternes, avec du carbure ordinaire, atteint rarement 0,5 % ; la plus gênante est le phosphure d'hydrogène dont la combustion contribue à l'encrassement des becs.

Il est inutile d'épurer le gaz dans les lanternes, mais pour la soudure autogène et pour les éclairages fixes il convient de l'épurer soit avec du catalysol à base d'oxychlorure ferreux, soit avec de l'hératol à base d'acide chromique.

EXPLOSIBILITÉ. — Jusqu'à deux kilogs de pression, l'acétylène est insensible à toute explosion provoquée en l'un de ses points. Même comprimé à 10 kilogs il est insensible au choc seul.

NOTES SUR L'ACÉTYLÈNE

(suite)

COMBUSTION. — La combustion de l'acétylène dégage environ 14.500 calories par mètre cube, soit 2,5 à 3 fois plus que le gaz de houille ; par contre son pouvoir éclairant, à débit égal, est 15 fois supérieur à celui du gaz. Il faut environ 12 fois son volume d'air pour brûler une volume d'acétylène. Lorsqu'il brûle en flamme éclairante, les seuls produits de sa combustion sont de la vapeur d'eau et de l'acide carbonique ; l'emploi des lanternes à acétylène ne présente donc aucun inconvénient pour les agents qui doivent séjourner dans des locaux de dimensions réduites : cabines, vigies, guérites, etc...

INFLAMMATION. — La température d'inflammation de l'acétylène est d'environ 480°, mais la flamme ne peut se propager que si :

1° La proportion d'acétylène est comprise entre 2,8 et 65 % ;

2° Le diamètre des tubes dans lesquels circule le gaz est supérieur à 0 m/m 5.

3° La vitesse du courant gazeux est inférieure à 6 m 00 par seconde.

FLAMME. — Pour obtenir une belle flamme d'acétylène, il faut que la pression du gaz soit comprise entre 60 et 120 m/m d'eau pour les petits becs et entre 0 m 40 et 2 m 00 d'eau pour les brûleurs intensifs. Au-dessous de ces chiffres, la flamme reste molle, fuligineuse, jaunâtre ; au-dessus, elle devient sifflante, bleuâtre et prend l'aspect d'un dard de chalumeau. Sa température dans la zône la plus éclairante est de 1450° environ. A intensité lumineuse égale, la flamme d'actéylène dégage 2,5 fois moins de calories que celle du gaz de ville, 3 fois moins que celle d'un bec pétrole et 2,5 fois moins que celle d'un bec à huile. La flamme d'acétylène n'altère pas les couleurs ; son emploi est donc indiqué pour l'éclairage des verres colorés de signalisation.

NOTES

sur le

CARBURE DE CALCIUM

Formule chimique $Ca\ C^2$.
Equation de fabrication $Ca\ 0 + 3\ C = Ca\ C^2 + C\ O$.
Il faut théoriquement 875 kilogs de Ca 0 et 562 kilogs de C pour produire 1000 kilogs de carbure.
Il faut pratiquement 940 kilogs de Ca 0 et 650 kilogs de coke pour produire une tonne de carbure commercial.
Densité réelle 2,2, densité apparente 1 à 1,2 suivant la grosseur des morceaux.

ATTAQUE PAR L'EAU.

Equation théorique $Ca\ C^2 + H^2 O = C^2 H^2 + Ca\ O$.
Equation pratique $Ca\ C^2 + 2\ H^2 O = C^2 H^2 + Ca\ (O\ H)^2$.

Théoriquement un kilog de carbure traité par 0 k. 562 d'eau donne 406 grammes ou 348 litres d'acétylène (à 0° sous 760 m/m de pression) avec un résidu de 1 k. 156 de chaux hydratée,

Pratiquement le rendement commercial garanti n'est que de 280 litres par kilog de carbure et dans un projet d'exploitation il est prudent de ne compter que sur 250 litres.

La chaleur dégagée par la décomposition d'un kilog de carbure est d'environ 406 calories et la température engendrée peut atteindre 90° à 95° et même 150 à 200° dans les conditions les plus défavorables.

Il convient d'employer dans les lampes et lanternes du carbure concassé 15×20 ou 20×40 et, dans les lampes intensives du tout venant. Dans tous les cas. et surtout dans les gros appareils, il faut éviter soigneusement les poussières dont la décomposition serait trop rapide.

COMMERCE DU CARBURE.— En France, le carbure est généralement vendu en fûts métalliques de 74 kilogs environ, brut pour net. La majorité des usines est groupée en un cartel de vente dénommé Comptoir Français du Carbure de Calcium ; quelques fabriques vendent cependant pour leur compte en dehors du comptoir.

NOTES SUR LE CARBURE DE CALCIUM

(suite)

La Chambre Syndicale de l'Acétylène a fixé depuis 1924 les normes du carbure de calcium loyal et marchand dans un cahier des charges applicables à toutes les transactions commerciales ne comportant pas d'autres conditions spéciales particulières (1) et dont voici le résumé :

Le carbure est livré en morceaux dits **concassés courants** ou **concassés spéciaux :** les concassés courants comprennent les morceaux tout venant mesurant 120 à 80 m/m avec moyenne de 30 à 50 m/m. Les concassés spéciaux comprennent les 4 tailles suivantes : 15×20, 20×40, 40×60 et 60×80.

Les poussières et déchets ne doivent pas dépasser 5 % : Le rendement gazeux normal doit être de 280 litres de gaz au kilog avec tolérance de 10 % pour le 15×20 et de 5 % pour les autres catégories. La teneur en hydrogène phosphoré du gaz ne doit pas dépasser 0,05 % en volume.

RÉCUPÉRATION DU CARBURE contenu dans les déchets. — Les Compagnies sont obligées de munir leurs agents de lanternes ayant une durée de marche supérieure à celle du service règlementaire qu'ils ont à assurer ; les lanternes, lors de leur extinction, renferment donc presque toujours une certaine quantité de carbure non décomposé.

On peut, en triant ce carbure, réaliser une économie très sensible : la Compagnie du Nord, en 1927, a consommé 285 tonnes de carbure ; elle en a, par criblage, récupéré environ 35 % soit 100 tonnes, représentant avec les frais de transport et de manutention une économie de plus de 140.000 francs.

Pour les petites lampisteries, le criblage peut s'effectuer avec des cribles à main ordinaires à mailles de 4 à 5 m/m ; pour celles ayant à garnir journellement de 40 à 50 lanternes, nous recommandons l'emploi de notre **crible à secousses** semi automatique, système Mentien, adopté par plusieurs réseaux.

---

(1) L'Office Central d'Acétylène, 101, Boulevard de Clichy, à Paris, organe officiel de la Chambre Syndicale, possède avec un laboratoire parfaitement outillé, des ingénieurs spécialisés pour effectuer des prélèvements d'échantillons et les analyses de carbure.

LAMPES ET LANTERNES A MAIN

CONSIDÉRATIONS GÉNÉRALES

FONCTIONNEMENT.

Tous nos modèles fonctionnent d'après le principe de la chute d'eau sur le carbure et se composet essenntiellement d'un réservoir à carbure C surmonté d'un réservoir d'eau A, la chute d'eau étant réglée par une vis pointeau.

Pour obtenir un bon fonctionnement, il faut que la pression d'acétylène dans C soit inférieure ou au plus égale à la pression H de l'eau sur l'orifice O du pointeau ; si le contraire se produit le gaz refoule l'eau en passant par l'orifice O, barbotte dans l'eau de A et s'échappe en pure perte.

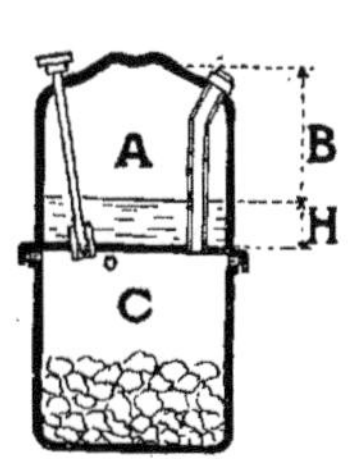

Lampe défectueuse

réservoir surbaissé : en fin de marche, la garde d'eau H est presque nulle, perte de gaz énorme.

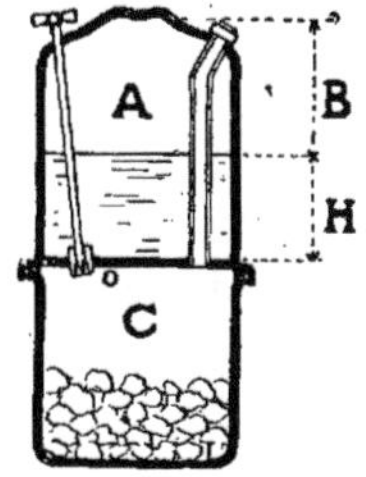

Lampe BUTIN

même en fin de marche, la garde d'eau H est encore suffisante pour éviter les pertes de gaz.

Cette perte d'acétylène et par conséquent de carbure se produit dans deux cas :

1° Lorsqu'il y a réellement surproduction par suite d'un excès d'arrivée d'eau ; dans ce cas, la flamme est peu éclairante, sifflante et a tendance à prendre l'aspect d'un dard de chalumeau. On y remédie facilement par le règlage du pointeau.

2° Lorsque la pression, c'est-à-dire la hauteur H de l'eau est trop faible ; dans ce cas la flamme est molle et fuligineuse. C'est ce qui arrive sinon dès l'allumage, mais toujours après quelques heures de marche dans toutes les lampes à réservoir d'eau trop surbaissé.

Dans les deux cas, cette perte se signale par le même bruit : barbotage du gaz dans l'eau. Les lampes à réservoir d'eau trop surbaissé sont donc défectueuses, elles éclairent moins bien et consomment 25 à 30 % de carbure en trop. Dans une lampe bien construite, la garde d'eau H, même en fin de marche, doit encore être au minimum de 5 à 6 centimètres.

Tous nos réservoirs d'eau sont calculés de façon à avoir une bonne garde d'eau, d'où meilleur rendement lumineux des becs et suppression des pertes de gaz surtout pendant les dernières heures d'allumage.

LAMPES ET LANTERNES A MAIN

CONSIDÉRATIONS GÉNÉRALES
(suite)

DURÉE ET PUISSANCE.

Le pouvoir éclairant d'une flamme d'acétylène dépend d'une part de la qualité et du débit du bec utilisé et d'autre part de la pression, de la pureté et de la température du gaz.

Dans les lanternes et petites lampes à mains, on obtient la bougie-heure décimale en consommant de 1 litre à 1 litre 8 d'acétylène ; dans les appareils intensifs Butin, cette consommation varie de 0 litre 8 à 1 litre 5.

On peut modifier à volonté la durée ou la puissance lumineuse d'une lampe ou lanterne en changeant simplement le débit du bec dont elle est munie.

Dans les lampes et lanternes. la pression d'eau, au début de l'allumage, est généralement comprise entre 60 m/m et 120 m/m, mais elle diminue régulièrement, par suite de la consommation d'eau, jusqu'à la fin de l'allumage. Il en résulte que les becs montés sur ces appareils ont un débit pratique toujours inférieur à celui théorique indiqué sur leur monture.

Le tableau suivant dressé d'après les données précédentes permet de trouver la durée approximative maximum d'une lanterne connaissant sa charge maximum en carbure et le débit du bec dont elle est munie.

CHARGES EN CARBURE			50 gr.	100 gr.	250 gr.	500 gr.	1 kg
Débits en litres du bec		Puissance lumineuse flamme nue (bougies)	heures	heures	heures	heures	heures
indiqués	pratiques						
7	5	2,8	2 3/4	5 1/2	14	28	55
10	8	4,4	2	4	10	20	40
14	12	9,3	1 1/4	2 1/2	5 1/2	11	22
21	20	16,4	3/4	1 1/4	3 1/2	7	14
28	27	27,0	1/2	1	2 1/2	5	10

LAMPES INTENSIVES

CONSIDÉRATIONS GÉNÉRALES

FONCTIONNEMENT. — Les lampes intensives ne sont autre chose, en réalité, que des générateurs fonctionnant, soit par chute d'eau sur le carbure (comme les petites lampes et lanternes de mines), soit par contact ; mais dans les deux cas sous une pression d'eau minima de 40 à 50 ‰, tandis que dans les petites lampes et lanternes, cette pression n'est que de 6 à 12 ‰.

Par suite de cette forte pression, on peut employer, aux lieu et place des petits becs ordinaires, des brûleurs spéciaux, simples, robustes, à trou unique, avec lesquels aucun danger de retour de flamme n'est à craindre parce que l'acétylène s'échappe au travers de l'orifice à une vitesse supérieure à la vitesse d'inflammation de la flamme.

RENDEMENT LUMINEUX. — Dans les **lampes intensives à chute d'eau**, le rendement lumineux est soumis aux mêmes règles que pour les lampes et lanternes à main ; dans les **lampes intensives à contact**, l'attaque du carbure se fait dans un réservoir de plus grande capacité, en présence d'un excès d'eau, le gaz est ainsi obtenu dans de bonnes conditions de rendement et de pureté, aussi leur rendement lumineux est-il meilleur que celui des lampes intensives à chute d'eau ; avec notre brûleur Butin on peut compter sur une consommation de 1 l. 2 d'acétylène par bougie heure (flamme nue).

Dans les 2 types on peut faire varier la puissance lumineuse par simple changement du brûleur, mais dans les lampes à chute d'eau, ce changement ne peut s'opérer que sur des brûleurs de puissance inférieure à celle pour laquelle la lampe a été calculée, tandis que par suite de la souplesse des lampes à contact, on peut les munir d'un bec de n'importe quel débit, sans toutefois dépasser 2 fois et demi la puissance de celui pour lequel elles ont été calculées.

CLASSIFICATION. — On classe parfois les appareils d'après leur puissance lumineuse, mais cette classification ne signifie, en réalité, pas grand chose, car la puissance de la flamme peut être modifiée sur un même appareil par le simple remplacement du bec par un autre d'un débit différent En outre, la puissance lumineuse varie suivant la forme du réflecteur : avec un réflecteur sphérique presque plat, la lumière est plus diffusée dans l'espace et donne au photomètre un nombre de bougies évidemment inférieur à celui obtenu avec un réflecteur parabolique ; dans ce dernier cas, plus la parabole est accentuée, plus la puissance lumineuse est forte; mais aussi plus le faisceau lumineux est étroit. La distance du réflecteur à la flamme influe également sur la nature du faisceau lumineux produit.

LAMPES INTENSIVES

CONSIDÉRATIONS GÉNÉRALES

(suite)

A titre d'exemple, nous donnons ci-dessous les résultats d'essais photométriques exécutés par l'une de nos grandes Compagnies de Chemins de Fer, sur un de nos appareils N° II, dit de 1000 bougies, chargeant à 8 kilos de carbure, muni d'un bec débitant 280 litres de gaz à l'heure, consommant, par conséquent, un kilog. de carbure à l'heure.

ESSAIS PHOTOMÉTRIQUES

ORIENTATION DE LA FLAMME par rapport au photomètre	Réflecteur parabolique fixe	Réflecteur sphérique ordinaire		Sans réflecteur
		contre la flamme	à 0,08 de la flam.	
	(Bougies)	(Bougies)	(Bougies)	(Bougies)
Perpendiculaire au banc				250
Parallèle au banc.......	8.300	1.000	4.000	150
A 45°	flamme invisible	220	200	200

Comme on le voit, la puissance lumineuse de cet appareil avec réflecteur sphérique varie de 150 à 4000 bougies suivant la façon dont on la mesure et, avec un réflecteur parabolique, de 210 à 8300 bougies ; nous pourrions donc tout aussi bien le cataloguer comme appareil de 4.000 bougies et même 8.000 que comme appareil de mille bougies. Par conséquent, en bonne logique, c'est la charge maximum en carbure et la puissance lumineuse à flamme nue (laquelle dépend de la qualité du bec) qui devraient servir seules de base pour le classement des lampes intensives, la puissance lumineuse avec réflecteur n'indiquant en réalité rien de précis.

CHOIX D'UNE LAMPE. — De ce qui précède il résulte que, dans le choix d'une lampe, on doit prendre en considération : 1° la charge en carbure ; 2° la puissance de la **flamme nue** ; 3° La forme du réflecteur et la robustesse de toutes les pièces constitutives car les **lampes de chantier doivent** par leur destination même, **être excessivement robustes : un excellent critérium pour cela, c'est de comparer**, pour des appareils de même puissance, **les poids nets** des lampes.

RÉFLECTEURS. — Nos réflecteurs, de forme sphérique, relativement plats, à grande diffusion, excellents pour éclairer de larges espaces sont **mobiles sur la tige porte-bec**, ce qui permet de déplacer le foyer lumineux et, par suite, de projeter le maximum d'éclairage à l'endroit précis où on le désire ; leur diamètre est de 30 %, Nous pouvons également livrer nos lampes avec des réflecteurs paraboliques concentrant davantage la lumière.

BECS ET BRULEURS

1° BECS POUR LAMPES ET LANTERNES

FONCTIONNEMENT-CLASSEMENT.

Les débits des becs français sont réglés uniformément pour une pression d'eau de 80 %ₘ ; ceux des becs anglais pour 63 %ₘ (sans appel d'air) et 76 %ₘ (à appel d'air).

Au point de vue de la flamme produite, tous les becs employés dans les lampes et lanternes à main rentrent dans l'une des six catégories suivantes :

Becs à flamme bougie { Sans appel d'air fig. 1. / Avec appel d'air, fig. 2.

Becs à flamme papillon { Manchester { à 2 trous (fig. 4) ou à fente (fig. 5) } sans / avec { appel d'air.

Becs à flamme papillon { Conjugués fig. 6 { Sans appel d'air. / Avec appel d'air.

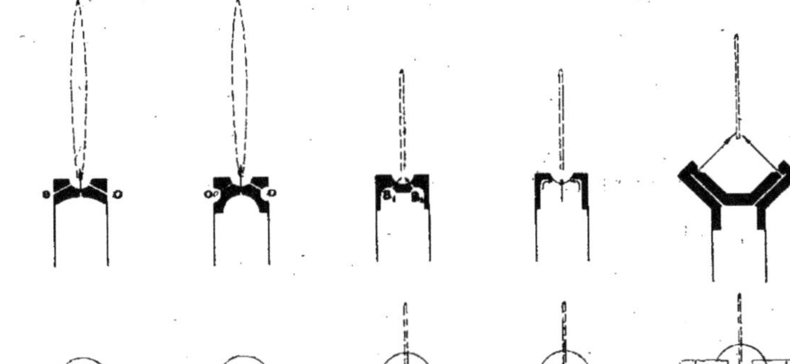

FIG. 1 FIG. 2 FIG. 3 FIG. 4 FIG. 5 FIG. 6

Les figures 4 à 6 montrent comment on obtient la flamme papillon en écrasant l'un contre l'autre deux jets d'acétylène convergents ; les figures 2 et 3 le dispositif d'*appel d'air* chaud qui améliore le rendement lumineux et diminue l'encrassage du bec.

RENDEMENT LUMINEUX.

Ce rendement est très sensiblement influencé pour un même bec par la pression du gaz et, pour une même pression par le débit des becs. A titre d'exemple nous indiquerons que :

1° BECS POUR LAMPES ET LANTERNES
(suite)

pour un même bec de 14 litres, la consommation par bougie heure, avec du gaz épuré, a varié de 1 l. 36 à 6 l. 08 lorsque nous avons fait varier la pression du gaz de 60 m/m à 250 m/m ;

pour une même pression de 76 m/m cette même consommation a varié de 1 l. 65 à 0 l. 78 pour des becs du même type dont le débit variait de 7 litres à 35 litres.

La puissance lumineuse et le rendement des lanternes sont donc très variables suivant la pression à laquelle elles produisent le gaz et le débit du bec dont elles sont munies.

CHOIX DES BECS. — Nous conseillons l'emploi des becs à flamme bougie pour les toutes petites lanternes, celui des becs à flamme papillon à 2 trous ou à fente pour les lampes et lanternes ordinaires, celui de becs conjugués pour les grosses lanternes. Dans tous les cas, employer de préférence des becs à appel d'air qui coûtent un peu plus cher, mais ont un meilleur rendement lumineux et durent beaucoup plus longtemps.

2° BRULEUR POUR LAMPES INTENSIVES

Notre brûleur modèle déposé, a été adopté par l'armée française et les compagnies de chemins de fer après deux années d'essais pratiques comparatifs, à cause de sa robustesse, de sa simplicité et de son rendement lumineux supérieur de 15 à 20 % à celui des autres modèles similaires. Les appareils Nos O, I et II peuvent être, sur demande et sans supplément, munis d'un brûleur de débit différent de celui indiqué, la durée maximum d'éclairage étant alors, naturellement, inversement proportionnelle au débit du brûleur choisi. Tous nos brûleurs sont en laiton massif décolleté dans la masse, leur durée est pour ainsi dire illimitée, leur entretien est nul et leur nettoyage facile s'opère à l'aide d'un simple fil de laiton.

L'ÉCLAIRAGE A L'ACÉTYLÈNE

dans les

CHEMINS DE FER FRANÇAIS

Les premiers essais sur les réseaux datent de 1897 (P.L.M., EST).

Les premières applications importantes en service normal datent de 1908 (Nord, P.L.M., P.O.).

Au 31 décembre 1928, il y avait plus de 50.000 lampes, lanternes et phares intensifs en service journalier sur les divers réseaux : Alsace-Lorraine, 8.000 ; Est, 8.000 ; Etat, 900 ; Midi, 900 ; Nord, 11.000 ; P. L. M., 9.000 ; P.O., 7.000 ; Ceinture, 800 ; Réseaux algériens, 4.000 ; Lignes diverses, 2.000.

Vingt années de pratique ont prouvé que cet éclairage procure les

AVANTAGES

suivants par rapport aux éclairages à l'huile et au pétrole :

Eclairage intense et parfait.
Prix de la bougie heure réduit.
Meilleure surveillance du matériel.
Lecture plus facile des marques et numéros des colis.
Diminution des accidents du travail.
Propreté d'emploi très appréciée du personnel.
Suppression des verres et mèches de lampes.
Grande résistance aux secousses et intempéries.
Suppression de certaines lampes fixes :

(La seule suppression des lampes à l'huile des fourgons a permis de réaliser sur plusieurs réseaux des économies annuelles de plus de 300.000 francs.)

Sécurité absolue.

L'ÉCLAIRAGE A L'ACÉTYLÈNE
DANS LES CHEMINS DE FER FRANÇAIS (SUITE)

COMPARAISON DES LANTERNES
A L'HUILE, AU PÉTROLE ET A L'ACÉTYLÈNE

Les renseignements ci-dessous s'appliquent exclusivement aux lanternes de chemins de fer ; ils ont été établis non pas d'après des essais temporaires ou de laboratoires, mais d'après les résultats de plusieurs années d'exploitation, en service normal ; les prix de revient ont été calculés sur les bases suivantes : Huile, 7 francs le kilog ; Pétrole, 2 francs ; Carbure, 1 fr. 20 le kilog. Les puissances lumineuses ont été mesurées à flamme nue (sans réflecteur), après plusieurs heures d'allumage.

PRIX de la BOUGIE-HEURE : Huile, bec de 6" . . . 0 fr. 055
Pétrole, bec de 5". . . 0 fr. 012
Acétylène, bec de 14 litres 0 fr. 006
Acétylène, bec intensif. . 0 fr. 005

CARACTÉRISTIQUES MOYENNES
DES PRINCIPAUX TYPES DE LANTERNES A MAIN

	HUILE ou PÉTROLE	ACÉTYLÈNE
LANTERNES de VISITEURS.		
Poids en ordre de marche	1 k 900	2 k 050
Puissance lumineuse (bougies)	1 b 2	9 b 5
Dépense horaire (francs).	0 f 075	0 f 055
LANTERNES d'AGENTS des TRAINS.		
Poids en ordre de marche	1 k 950	3 k 200
Puissance lumineuse (bougies)	1 b 3	4 b 6
Dépense horaire (francs)	0 f. 07	0 f 03
LANTERNES d'AGENTS des GARES.		
Poids en ordre de marche	1 k 920	2 k 200
Puissance lumineuse (bougies)	1 b 4	2 b 8
Dépense horaire (francs).	0 f 024	0 f 022
LANTERNES des STATISTIQUES.		
Poids en ordre de marche	1 k 400	2 k 050
Puissance lumineuse (bougies)	1 b 4	4 b 6
Dépense horaire (francs)	0 f 07	0 f 03

Établissements Albert BUTIN

PARIS

INSTRUCTIONS POUR L'EMPLOI DE NOS LAMPES ET LANTERNES PORTATIVES

CHARGEMENT. — Placer le carbure dans le réservoir inférieur (carburateur) ; on en détermine le poids total nécessaire d'après le débit du bec dont est munie la lanterne en comptant, par heure de marche probable, 20 grammes pour un bec de 7 litres, 40 grammes pour un bec de 14 litres, 60 grammes pour un bec de 21 litres, etc.

Mais ne jamais remplir le carburateur à plus des 2/3 de façon à permettre le foisonnement du carbure.

Remplir complètement d'eau le réservoir supérieur ; vérifier le bon fonctionnement du pointeau : l'eau doit s'écouler goutte à goutte en ouvrant le pointeau d'un demi tour environ. Refermer le pointeau. Visser solidement les deux réservoirs l'un sur l'autre. La lanterne est prête à fonctionner.

ALLUMAGE. — Ouvrir le pointeau d'un tour environ, attendre une minute ou deux pour que l'air soit expulsé, puis allumer.

Si la flamme est rougeâtre ou fumeuse, semblable à celle d'une bougie, c'est que le débit d'eau est trop faible : il faut donc ouvrir un peu plus le pointeau. Si la flamme siffle et ressemble au dard d'un chalumeau, c'est qu'il a excès d'eau : il faut donc fermer un peu le pointeau. Si la flamme est inclinée dissymétrique et allongée, c'est que l'un des deux trous du bec est obstrué : on le débouche en y passant l'un des fils du balai nettoyeur.

EXTINCTION. — Fermer simplement à fond le pointeau et souffler la flamme dès qu'elle baisse afin d'éviter que le bec ne s'encrasse.

ENTRETIEN. — Après chaque emploi, vider et nettoyer les deux réservoirs, toujours tenir parfaitement propres le pas de vis et le joint en caoutchouc.

Tous les jours, passer l'un des fils fins du nettoyeur dans chacun des deux trous du bec.

Établissements Albert BUTIN

PARIS

INSTRUCTIONS POUR L'EMPLOI DE NOS LAMPES INTENSIVES A CONTACT (SYSTEME A. BUTIN)

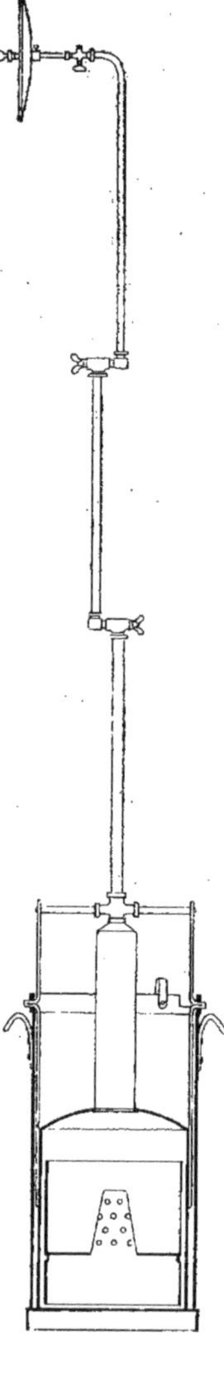

CHARGEMENT. — S'assurer que le robinet du brûleur est fermé. Sortir la cloche C de la cuve A, ouvrir les 2 verrous V et dégager le bac à carbure B, charger ce dernier de carbure selon les besoins et au maximum de la quantité indiquée pour chaque lampe. Remonter l'appareil et remplir d'eau la cuve A ; la lampe est alors prête à fonctionner.

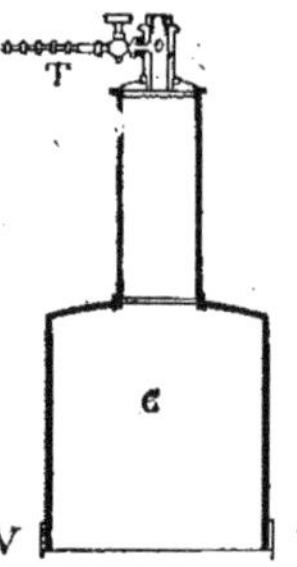

C. Cloche

ALLUMAGE. — Ouvrir la tubulure du brûleur pendant 2 à 3 minutes pour laisser échapper l'air, puis allumer sans autre précaution.

EXTINCTION. — Il suffit de fermer le robinet.

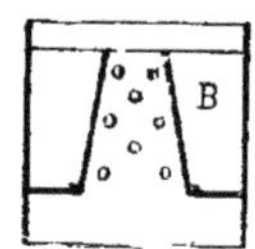

B. Bac à carbure

REMARQUES. — La tubulure T sert à brancher éventuellement un tuyau destiné à alimenter en cas de besoin un second bec intensif porté soit sur un support spécial, soit sur une genouillère auxiliaire montée sur les tubulures de l'appareil.

Il ne faut jamais ouvrir la tubulure T, à moins qu'elle ne soit raccordée avec un brûleur auxiliaire.

Nos lampes intensives peuvent se charger avec n'importe quel carbure sauf le granulé.

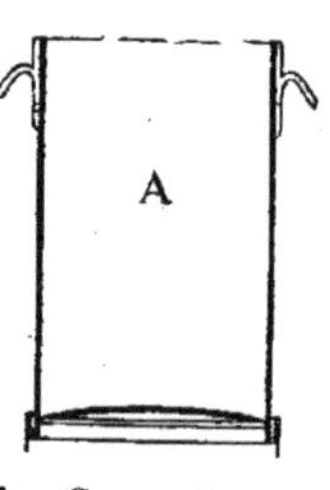

A. Cuve à eau

Établissements Albert **BUTIN**

PARIS

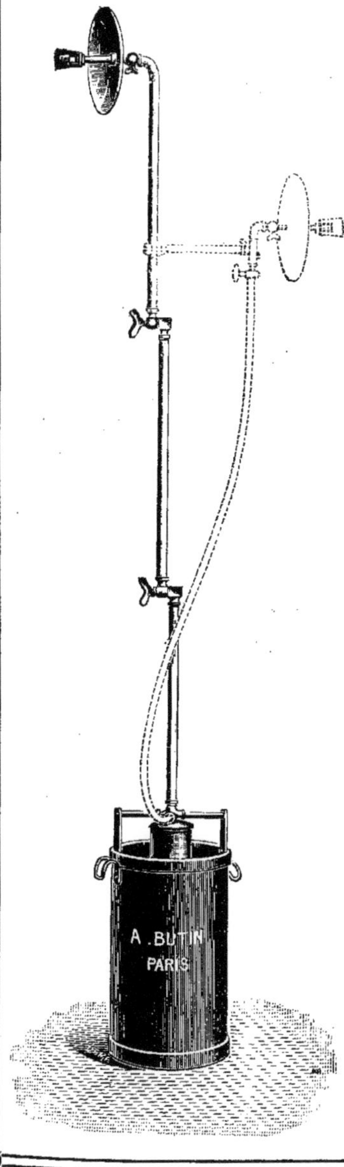

LAMPES INTENSIVES

A CONTACT (Système A. BUTIN)

Ces lampes sont en tôle soudée à l'autogène et galvanisée. Le réflecteur mobile sur la tige du porte-bec est en maillechort. Les deux articulations extrêmement robustes sont en bronze fondu.

Le montage avec genouillère et bec auxiliaires supplémentaires est indiqué en pointillé.

Dans les modèles pour wagons de secours type P. L. M., le réflecteur sphérique de 300 m/m de diamètre, représenté ci-contre, est remplacé par un réflecteur à auvent circulaire de 370 m/m et la hauteur de la flamme au dessus du sol est de 3 m 670.

Nos des lampes.....	O	I	II	III
Charge en carbure (kgs).......	24	16	8	4
Consommation par heure (kgs)...	3	2	1	1/2
Durée avec charge maximum (heures)	8	8	8	8
Puissance en bougies — Flamme nue.......	600	400	200	60
Puissance en bougies — Réflecteur sphérique.	**3000**	**2000**	**1000**	**300**
Poids de l'appareil à vide (kgs).....	54	42	33	26
» en ordre de marche	156	102	76	48
Hauteur de la flamme (mètres)...	3 25	3 00	2 85	2 70

Établissements Albert BUTIN

PARIS

LAMPE INTENSIVE

A CONTACT (Système A. BUTIN)

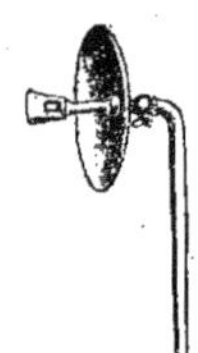

Ce modèle est établi suivant les mêmes principes que les modèles plus puissants O I, II et III, mais la tubulure est fixe et il n'y a ni épurateur, ni prise de gaz pour bec auxillaire.

Caractéristiques

Charge en carbure		2 k.
Consommation par heure		2 k. 250
Durée avec charge maximum		8 heures
Puissance lumineuse	Flamme nue	80 bougies
	Réflecteur sphérique	150 bougies
Poids de l'appareil à vide		16 k.
Poids en ordre de marche		33 k.
Hauteur de la flamme au-dessus du sol		1 m. 55

Lampe intensive N° IV.

Établissements Albert BUTIN

PARIS

LAMPE INTENSIVE (Système A. BUTIN)

A CHUTE D'EAU

Lampe A 24

Charge en carbure	4 kilogs.
Puissance lumineuse disponible :	
soit 1000 bougies pendant	4 heures
» 400 » »	8 »
» 200 » »	12 »
Poids à vide	11 kgs. 5
Poids en ordre de marche	27 kgs. 5
Hauteur	0 m. 70
Diamètre	0 m. 22

Cette lampe fonctionne comme nos lampes et lanternes ordinaires à pointeau ; insensible aux trépidations, elle peut être renversée en cours de marche sans qu'il en résulte aucune pertubation dans son fonctionnement.

Recommandée pour les travaux souterrains, les wagons de secours, l'éclairage des grues de manutention, les pontons, les postes automobiles d'entretien des lignes électriques, les chantiers urbains de travaux particulièrement exposés aux bousculades, incendies, etc., etc.

Établissements Albert BUTIN

PARIS

LAMPE INTENSIVE

A CHUTE D'EAU (Système A. BUTIN)

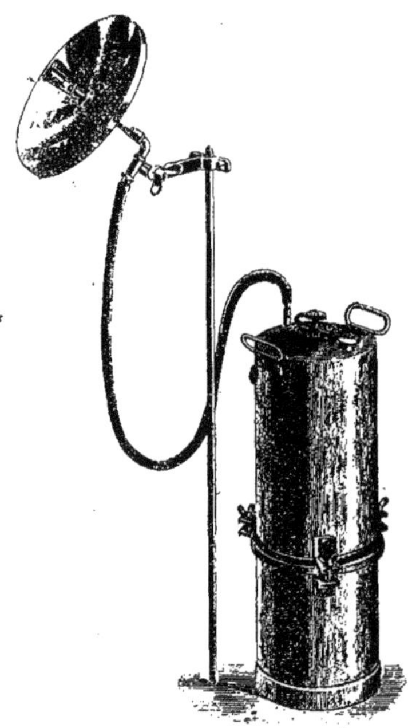

Lampe B 24

Charge en carbure	4 kgs.
Puissance lumineuse disponible :	
soit 1000 bougies pendant. .	4 h.
» 400 » » . .	8 h.
» 200 » » . .	12 h.
Poids à vide	15 kgs.
» en ordre de marche. .	31 kgs.
Hauteur.	0 m. 70
Diamètre	0 m. 22

Cette lampe fonctionne comme la A 24, sa construction est identique ; elle présente l'avantage d'avoir son foyer lumineux très mobile et de pouvoir le cas échéant être utilisée comme générateur d'acétylène pour la soudure et le découpage. (Dans ce cas il est indispensable de lui adjoindre une soupape hydraulique de sûreté).

LAMPE INTENSIVE DORSALE (Système A. BUTIN)

A CHUTE D'EAU

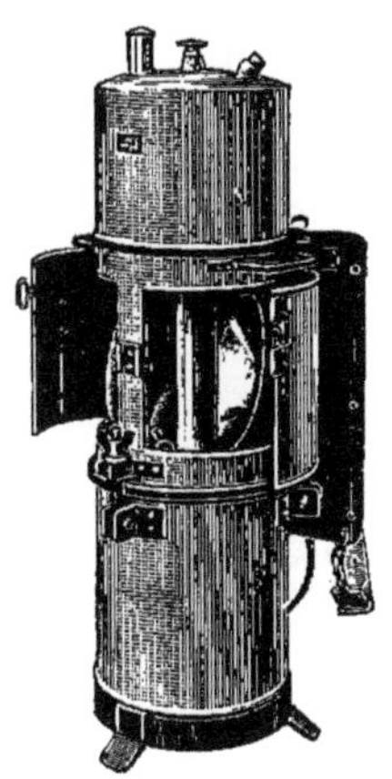

Lampe B 28

Modèle dérivé de notre lampe intensive B 24. Aussi robuste, quoique plus léger. Les accessoires : brûleur, réflecteur, tuyaux, se placent dans un logement intercalé entre le réservoir d'eau et le carburateur.

Pour wagons de secours, inspections, dégelage des appareils de voies, visites de travaux, incendies, etc.

Charge en carbure... ...... 4 kgs.

Puissance lumineuse disponible :

1000 bougies pendant ..... 4 h.
ou 400 » » ..... 8 h.
ou 200 » » ..... 12 h.

Poids à vide............ 14 kgs 5

» en ordre de marche. 26 kgs

Hauteur .... 0 m. 80

Diamètre................ 0 m. 22

Établissements Albert BUTIN

PARIS

LAMPE D'ÉQUIPE

Lampe 310

pour travaux de voie, wagons de secours, etc...

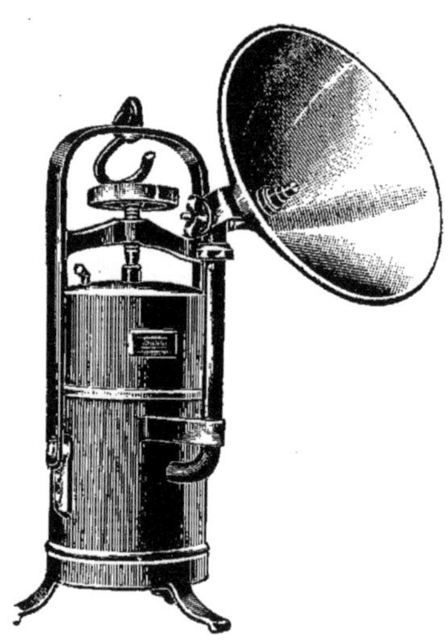

Lampe très robuste en tôle d'acier, étrier en fer forgé

Réflecteur parabolique monté sur genouillère

Charge en carbure.......	1 kg.	Poids à vide	5 kg. 5
Hauteur	0 m. 43	Poids en ordre de marche.	7 kg. 8

LAMPE D'ÉQUIPE

Lampe 311

pour travaux de voie, wagons de secours, etc...

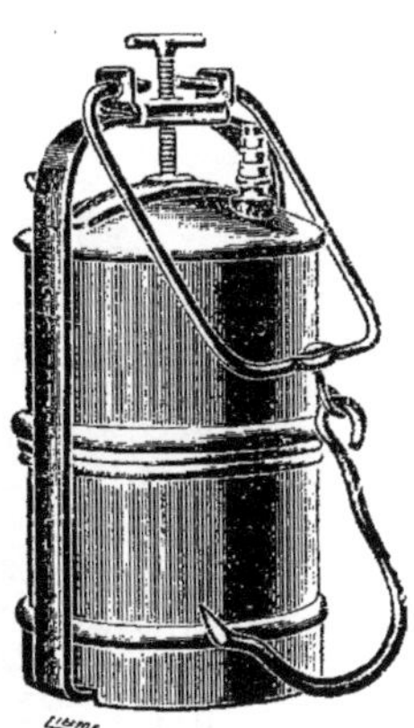

Lampe en tôle d'acier, robuste, étrier indépendant, frette protectrice à la base

Charge en carbure....................	1 kg.
Poids à vide..........................	2 kg. 4
Poids en ordre de marche............	4 kg. 7
Hauteur.............................	0 m. 30

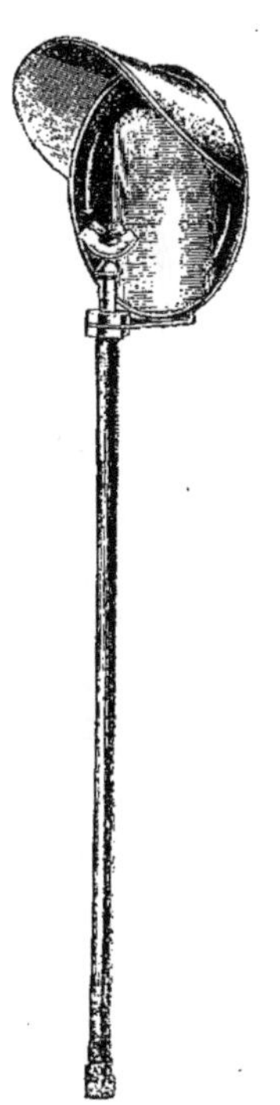

TIGE AMOVIBLE

supplémentaire

de 0 m. 50 de long, avec réflecteur à auvent, se vissant à la partie supérieure de la lampe 311.

Établissements Albert BUTIN

PARIS

LAMPES D'ÉQUIPES

pour Agents des voies, wagons de secours, etc...

Modèles B 313 et B 315

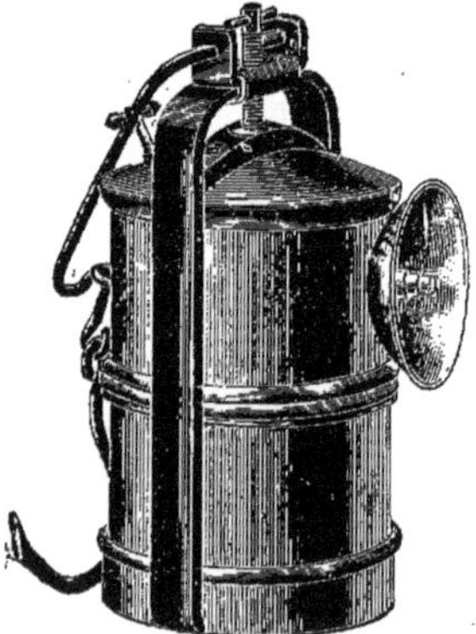

B 313

Même construction que la B 311, réflecteur à auvent monté sur genouillère.
Modèle des Chemins de fer de l'Etat

Charge en carbure...... 1 kg.
Poids à vide........... 3 kg.
Poids en ordre de marche 5 kg. 30
Hauteur.. .... 0 m. 40

B 315

Même construction que la B 311 mais avec bec latéral et réflecteur sphérique.
Modèle des Chemins de fer P.-O.

Charge en carbure...... 1 kg.
Poids à vide........... 2 kg. 40
Poids en ordre de marche 4 kg. 70
Hauteur................ 0 m. 30

Établissements Albert BUTIN

PARIS

LAMPES INDIVIDUELLES

Série A 141

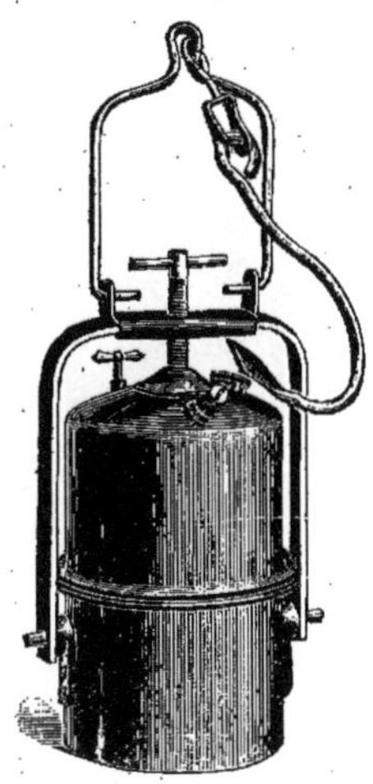

Lampes en tôle emboutie galvanisée, étrier à vis indépendante crochet à bélière, bec au sommet

TROIS TAILLES	Charge en Carbure	Poids à vide	Poids en ordre de marche	Hauteur
No 1	0 kg. 600	1 kg. 600	3 kg. 000	0 m. 28
No 2	0 kg. 400	1 kg. 200	2 kg. 100	0 m. 23
No 3	0 kg. 250	1 kg. 000	1 kg. 500	0 m. 22

Établissements Albert BUTIN

PARIS

LAMPES INDIVIDUELLES

Série A 142

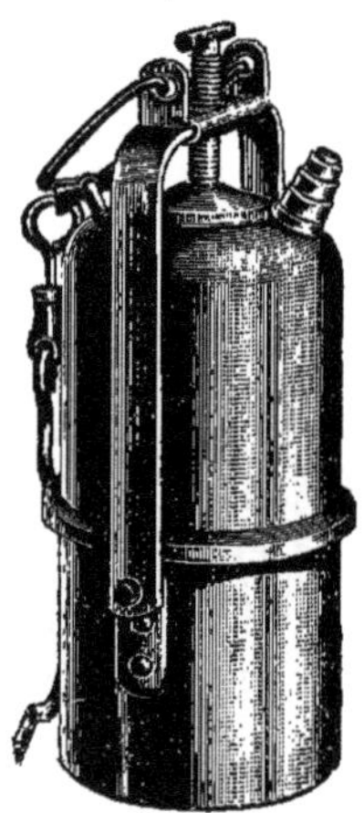

Lampe en tôle emboutie, galvanisée, étrier à vis indépendante, joint protégé, crochet à bélière, forte garde d'eau, bec au sommet.

QUATRE TAILLES	Charges en carbure	Poids à vide	Poids en ordre de marche	Hauteur
N° 0	1 kg.	2 kg. 600	5 kg. 100	0 m. 30
N° 1	0 kg. 600	1 kg. 700	3 kg. 100	0 m. 28
N° 2	0 kg. 400	1 kg. 400	2 kg. 350	0 m. 26
N° 3	0 kg. 250	1 kg. 200	1 kg. 850	0 m. 24

Établissements Albert BUTIN
PARIS

LAMPES INDIVIDUELLES

Série A 144

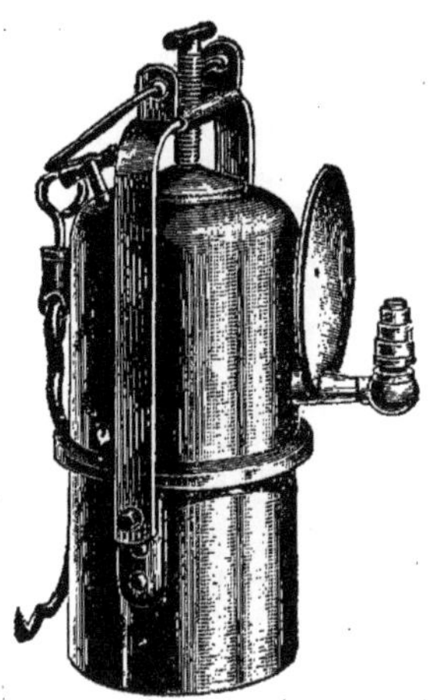

Lampes en tôle emboutie galvanisée, étrier à vis indépendante, crochet à bélière, joint protégé, forte garde d'eau, bec latéral, réflecteur.

TROIS TAILLES	Charge en carbure	Poids à vide	Poids en ordre de marche	Hauteur
No 1	0 kg. 600	1 kg. 800	3 kg. 200	0 m. 28
No 2	0 kg. 400	1 kg. 450	2 kg. 500	0 m. 26
No 3	0 kg. 250	1 kg. 250	1 kg. 900	0 m. 24

Établissements Albert BUTIN

PARIS

LAMPES INDIVIDUELLES

Série A 914

Lampes en tôle emboutie galvanisée. Etrier à vis indépendante, monté sur frette protectrice ceinturant la base du carburateur, crochet à bélière, joint protégé, forte garde d'eau, bec au sommet, très robustes.

TROIS TAILLES	Charge en carbure	Poids à vide	Poids en ordre de marche	Hauteur
N° 1	0 kg. 600	1 kg. 900	3 kg. 300	0 m. 30
N° 2	0 kg. 400	1 kg. 600	2 kg. 550	0 m. 28
N° 3	0 kg. 250	1 kg. 350	2 kg. 050	0 m. 26

Établissements Albert BUTIN

PARIS

LAMPES INDIVIDUELLES

Série A 916

Lampes en tôle emboutie galvanisée. Etrier à vis indépendante monté sur frette protectrice, ceinturant la base du carburateur crochet à bélière, joint protégé, forte garde d'eau, bec latéral avec réflecteur, très robustes.

TROIS TAILLES	Charge en carbure	Poids à vide	Poids en ordre de marche	Hauteur
No 1	0 kg. 600	2 kg. 000	3 kg. 400	0 m. 30
No 2	0 kg. 400	1 kg. 700	2 kg. 650	0 m. 28
No 3	0 kg. 250	1 kg. 400	2 kg. 100	0 m. 26

29

Établissements Albert **BUTIN**

PARIS

FLAMBEAU DE SECOURS

dit de Pompiers

pour wagons de secours, travaux de nuit, éclairage des quais, etc.

Tout en laiton, fermeture à vis et deux becs jumelés.

Charge en carbure	0 kg. 450
Poids à vide	0 kg. 900
Poids en ordre de marche.	1 kg. 900
Hauteur	0 m. 440

Établissements Albert BUTIN

PARIS

LAMPES INDIVIDUELLES

Série P T T

Fermeture à vis. Joint protégé. Tôle étamée.
Fond du réservoir à eau en cuivre

Modèle A

Bec au centre.

Modèle B

Bec à 45°

Caractéristiques communes aux deux modèles

Charge en carbure	0 kg. 500
Poids à vide	0 kg. 700
Poids en ordre de marche	1 kg. 700
Hauteur	0 m. 190

Établissements Albert BUTIN

PARIS

LAMPES INDIVIDUELLES

Série P T T

Fermeture à vis. Joint protégé. Tôle étamée.
Fond du réservoir à eau en cuivre.

Modèle F

Charge en carbure	0 kg. 250
Poids à vide	0 kg. 400
Poids en ordre de marche	0 kg. 950
Hauteur	0 m. 150

Modèle C C

Bec latéral. Réflecteur. Fond évasé.

Charge en carbure	0 kg. 500
Poids à vide	0 kg. 750
Poids en ordre de marche.	1 kg. 800
Hauteur	0 m. 190

Établissements Albert BUTIN

PARIS

LAMPES POUR SUSPENSIONS

pouvant servir également de **lampe de table**

en laiton

Série T

Modèles T 611 et T 612

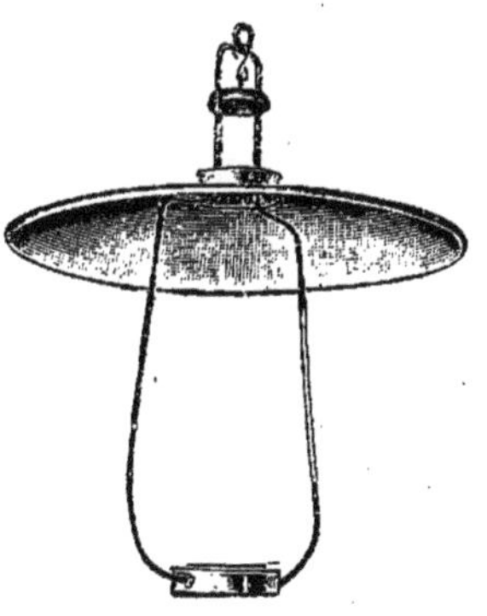

Suspension 614

pouvant recevoir toutes les lampes de la série T.

Modèle T 613

Modèles	Charge en carburant	Poids à vide	Poids en ordre de marche	Hauteur
T 611	0 k. 450	0 k. 330	1 k. 200	0 m. 230
T 612	0 k. 600	0 k. 375	1 k. 500	0 m. 250
T 613	1 k. 000	0 k. 520	2 k. 450	0 m. 290

Établissements Albert BUTIN
PARIS

LAMPES POUR LANTERNES FIXES

Lanternes de passages à niveau. — Lanternes de quais.
Manchons appliques. — Lanternes sur poteaux, etc...

Série T

Modèle T 610

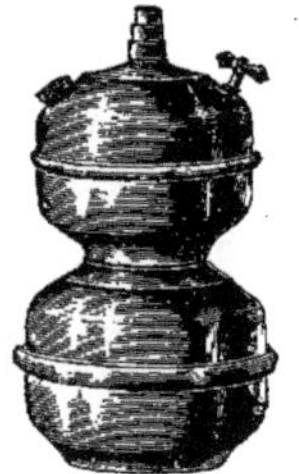

Charge en carbure.	0 kg. 350
Poids à vide.	0 kg. 280
Poids en ordre de marche	1 kg. 000
Hauteur	0 m. 170

Modèle T 660

Charge en carbure.	1 kg. 000
Poids à vide.	0 kg. 650
Poids en ordre de marche	2 kg. 400
Hauteur	0 m. 210

Établissements Albert BUTIN
PARIS

LANTERNE SIX PANS

remplaçant avantageusement les lanternes dites « Tempêtes » et les lanternes « Marines ». Tout en laiton.

Pour wagons de secours, Nettoyeurs, Veuilleurs, etc.

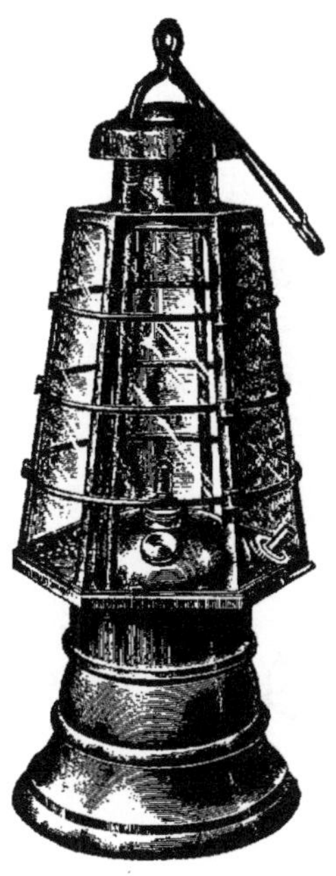

Charge en carbure	0 kg. 500
Poids à vide	1 kg. 450
Poids en ordre de marche	2 kg. 350
Hauteur	0 m. 450

Établissements Albert BUTIN

PARIS

LANTERNE QUATRE FEUX (BREVETÉE)

quatre faces éclairantes, réflecteurs paraboliques
pour Agents des Voies et de l'Exploitation.
Tout en laiton.

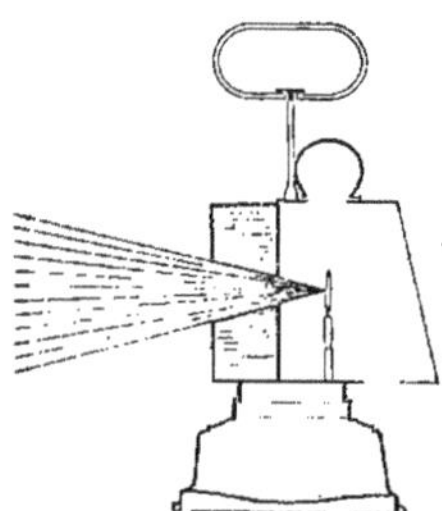

Schéma de notre dispositif breveté permettant d'obtenir une quatrième face éclairante au travers du réservoir d'eau.

Charge en carbure	0 kg. 470
Poids à vide	2 kg. 150
Poids en ordre de marche	3 kg. 000
Hauteur	0 m. 340

Établissements Albert BUTIN

PARIS

LANTERNES POUR L'EXPLOITATION

Modèles NORD 470 - P O 470 MIDI 470

Tout en laiton ; pour Agents des trains

Caractéristiques communes aux 3 modèles

Charge en carbure
0 kg. 470

Hauteur
0 m. 340

Caractéristiques communes aux 3 modèles

Poids à vide
2 k. 350

Poids en ordre de marche
3 kg. 300

NORD 470 Modèle à trois feux et deux volets, dont un rouge et un vert, chapiteau aluminium, tube magasin pour becs de rechange et nettoyeur, patte d'accrochage à l'arrière. Réflecteur sphérique.

PO 470 Comme la précédente, mais avec chapiteau renforcé en laiton. Gaine de suspension à l'arrière. Réflecteur rectangulaire.

MIDI 470 Comme la lanterne P O 470 mais avec gaine arrière spéciale.

Établissements Albert BUTIN

PARIS

LANTERNES POUR L'EXPLOITATION

Modèles PLM 470 - EST 470
CEINTURE 470

Tout en laiton ; pour Agents des trains

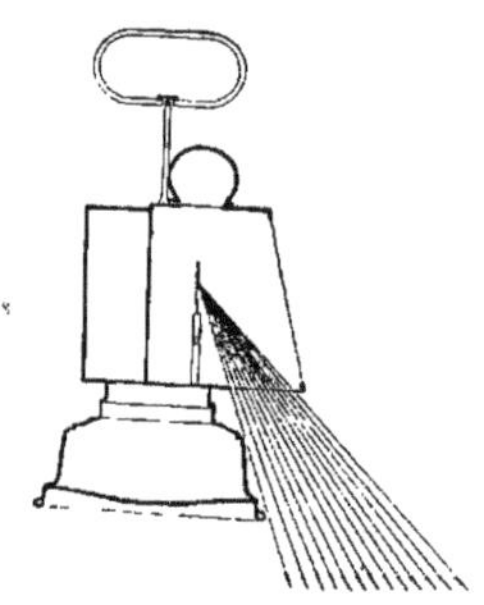

Schéma de notre dispositif breveté, permettant l'éclairage constant direct du sol devant l'agent.

Caractéristiques communes { Charge en carbure . . 0 kg. 470
Hauteur . . . . . . 0 m. 360

PLM 470 Poignée articulée. Un seul feu avant. Deux volets, l'un rouge, l'autre vert. Tube magasin pour becs de rechange et nettoyeur. Poids à vide 2 kg. 400. Poids en ordre de marche 3 kg. 500.

EST 470 Comme la précédente, mais avec poignée fixe. Trois feux. Un seul volet rouge. Pas de tube magasin. Chapiteau garni d'amiante. Poids à vide 2 kg. 100. Poids en ordre de marche 3 kg. 150.

CEINTURE 470 Comme EST 470. Avec tube magasin. Poids à vide 2 kg. 100. Poids en ordre de marche 3 kg. 150.

Établissements Albert BUTIN

PARIS

LANTERNES POUR L'EXPLOITATION

Modèles Nord 750 – Nord 570

P L M 750

Tout en laiton ; pour Agents des gares.

Caractéristiques communes

Charge en carbure
0 kg. 250

Hauteur
0 m. 320

Caractéristiques communes

Poids à vide
1 kg. 650

Poids en ordre de marche
2 kg. 200

Nord 750 Trois feux blancs. Poignée fixe. Chapiteau garni d'amiante. Joint protégé.

Nord 570 Comme la précédente, mais avec crochet latéral.

P L M 750 Comme la lanterne NORD 750, mais avec poignée articulée en bois.

Établissements Albert BUTIN
PARIS

LANTERNE POUR L'EXPLOITATION

Modèle E A 28 (Etat Algérien)

Tout en laiton. Une seule face éclairante
et deux volets dont un rouge et un vert.

Pour Agents des trains et Agents des gares.

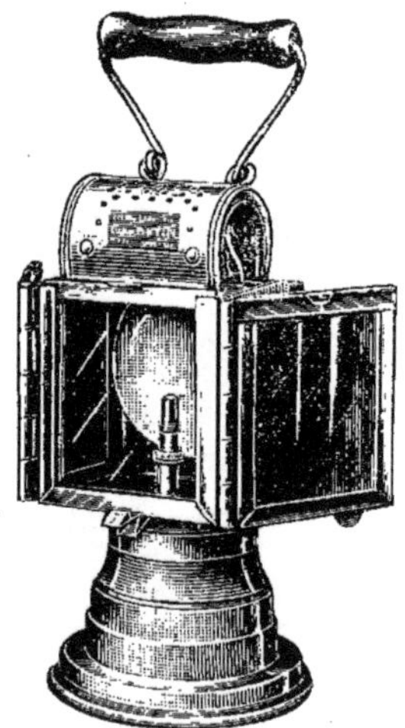

Charge en carbure	0 kg. 250
Poids à vide.	1 kg. 550
Poids en ordre de marche	2 kg. 150
Hauteur	0 m. 270

Établissements Albert BUTIN

PARIS

LANTERNES POUR L'EXPLOITATION

Modèles AL 300 et Nord 720

Très robustes quoique légers. Trois feux. Verre biseauté sur la face avant. patte d'accrochage à l'arrière. Tout en laiton. - Pour Agents des trains, des gares, de statistique, etc.

Dans le modèle **A L 300** une des faces latérales est munie d'un volet permettant de masquer le feu. Les deux verres latéraux sont l'un opaque, l'autre rouge, ce dernier étant éclairé par un deuxième réflecteur spécial.

Dans le modèle **NORD 720** les trois faces sont munies de verres blanc.

Modèles	Charge en carburé	Poids à vide	Poids en ordre de marche	Hauteur
AL 300	0 kg. 130	1 kg. 300	1 kg. 560	0 m. 200
NORD 720	0 kg. 175	1 kg. 400	1 kg. 730	0 m. 220

Établissements Albert BUTIN

PARIS

LANTERNE POUR L'EXPLOITATION

Modèle P O 470 "Allégé"

Modèle à 3 feux, sans volets, pour Agents de Manœuvre
Tout en laiton.

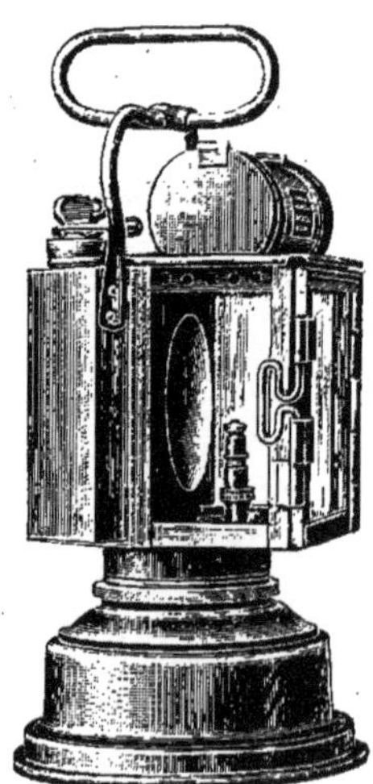

Charge en carbure	0 kg. 470
Poids à vide	1 kg. 900
Poids en ordre de marche	2 kg. 850
Hauteur	0 m. 340

Établissements Albert BUTIN

PARIS

LANTERNES POUR L'EXPLOITATION

Modèles P O 400 et P L M 423

Modèles robustes, quoique légers. Deux feux, le feu latéral étant obtenu par une échancrure pratiquée dans le réflecteur en plaqué argent. Tout en laiton.

Pour Agents de la statistique.

Le Modèle P O 400 est muni d'une patte d'accrochage latérale. Cette patte est supprimée dans le modèle P L M.

Modèles	Charge en carbure	Poids à vide	Poids en ordre de marche	Hauteur
P O 400	0 kg. 400	1 kg. 250	2 kg. 050	0 m. 230
P L M 423	0 kg. 400	1 kg. 200	2 kg. 000	0 m. 230

Établissements Albert BUTIN
PARIS

LANTERNE POUR L'EXPLOITATION

Modèle B D 28

Modèle simple, léger et robuste. Trois feux. Patte d'accrochage à l'arrière. Poignée rentrante ou articulée au choix. Tout en laiton.

Pour Agents de statistique, Contrôleurs, Agents des gares, etc.

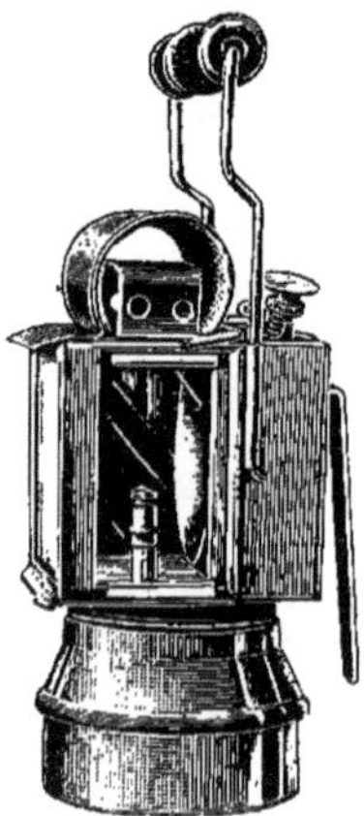

Charge en carbure	0 k. 220
Poids à vide	1 k. 050
Poids en ordre de marche	1 k. 500
Hauteur	0 m. 230

Établissements Albert **BUTIN**

PARIS

ÉCLAIRAGE DES LOCOMOTIVES

par GÉNÉRATEURS INDÉPENDANTS

L'équipement nécessaire comprend un générateur A. BUTIN, alimentant, à l'aide d'une tuyauterie fixe en laiton de 8 m/m de diamètre les phares avant et arrière et la lanterne d'abri, le tout jonctionné par des raccords trois pièces et des tubes de caoutchouc. Un porte-bec spécial à godets permet d'utiliser tels quels les corps des anciennes lanternes d'abri au pétrole.

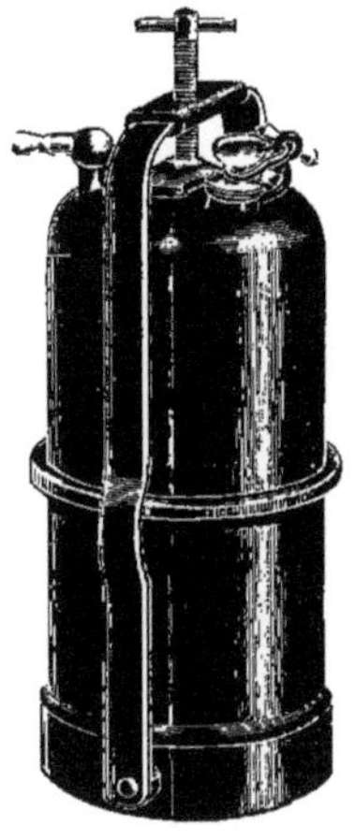

Générateurs
Série P O 28

Tôle emboutie - Raccord 3 pièces

N° 00, charge . . . 1 kg.
N° 0, » . . . . 0 kg. 800
N° 1, » . . . . 0 kg. 600

Phares
Série P O 28

Face avant
de 200 m/m de diamètre.
Giberne pour verre rouge.

Raccord P O 28 3 pièces à tubulures porte-caoutchouc.

Porte-bec P O 28 à godet pour lanterne d'abri.

Établissements Albert BUTIN

PARIS

PHARE INTENSIF POUR LOCOMOTIVES

Modèle P 29

Phare autogénérateur à flamme intensive, amovible, très robuste, fonctionnant sur le même principe que nos lampes intensives A 24 et B 28, inclinable sur son axe.

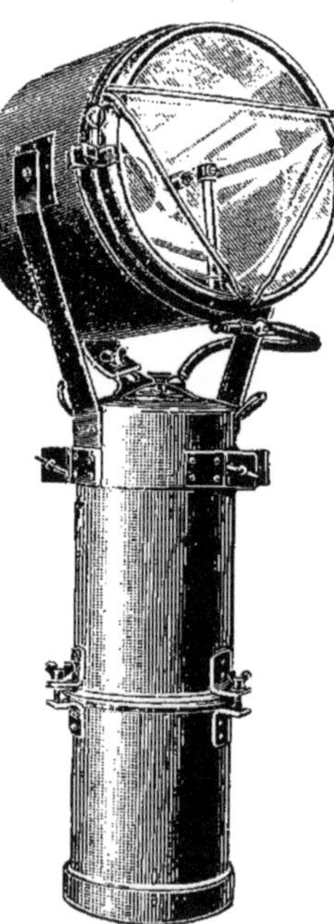

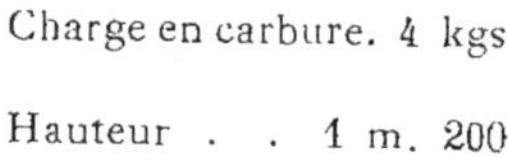

Charge en carbure. 4 kgs

Hauteur . . 1 m. 200

Poids à vide. 25 k. 500

en ordre de marche. 41 k. 500

Puissance lumineuse disponible :

soit 1000 bougies pendant	. . . .	4 heures.
soit 400 »	»	8 heures.
soit 250 »	»	12 heures.

Établissements Albert BUTIN

PARIS

PHARE INTENSIF POUR LOCOMOTIVES

Modèle A C 200

Phare autogénérateur, amovible, très robuste, fonctionnant sur le même principe que nos lampes et lanternes à main.

Charge en carbure	0 k. 600
Poids à vide sans la fourche	4 k. 800
Poids en ordre de marche	6 k. 400
Hauteur sans la fourche	0 m. 360
Diamètre de la face	0 m. 200

Établissements Albert BUTIN
PARIS

LANTERNE POUR LOCOMOTIVES

Modèle F A 600

Même construction que les anciens modèles réglementaires au pétrole des grands réseaux.

Charge en carbure	0 k. 500
Poids à vide	10 k. 400
Poids en ordre de marche	11 k. 800
Hauteur	0 m. 670

Établissements Albert BUTIN

PARIS

LANTERNE POUR LOCOMOTIVES

Modèle F D 600

Modèle spécial pour tramways, réseaux à voie étroite, mines et usines.

Charge en carbure	0 k. 600
Poids à vide	5 k.
Poids en ordre de marche.	6 k 400
Hauteur	0 m. 560

Établissements Albert BUTIN

PARIS

LANTERNES POUR LOCOMOTIVES

Modèles P L M et P O 200

Pour Niveaux d'eaux et Lanternes de Mécaniciens.
En tôle et laiton.

Le modèle P O 200 est munie d'une gaîne permettant de le placer en cas de besoin sur l'un des porte-lanternes arrière de la locomotive, l'un des feux latéraux est rouge.

Dans le modèle P L M 200 la gaine arrière ci-dessus est remplacée par une giberne contenant un verre rouge amovible pouvant se placer sur la face avant.

Modèles	Charge en carbure	Poids à vide	Poids en ordre de marche	Hauteur
P L M 200	0 k. 130	1 k. 420	1 k. 680	0 m. 240
P O 200	0 k. 130	1 k. 370	1 k. 630	0 m. 230

Établissements Albert BUTIN
PARIS

LANTERNES POUR LOCOMOTIVES

Modèle EST 26

Pour abri de locomotives.
En tôle galvanisée et laiton.

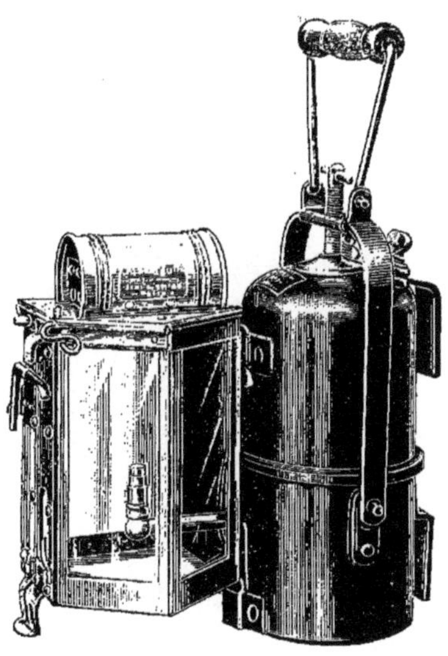

Charge en carbure	0 k. 600
Poids à vide.	3 k. 220
Poids en ordre de marche	4 k. 620
Hauteur	0 m. 280

Établissements Albert BUTIN

PARIS

LANTERNE DE COTÉ

Modèle F B 600

Pour arrières de trains.
En tôle et laiton.

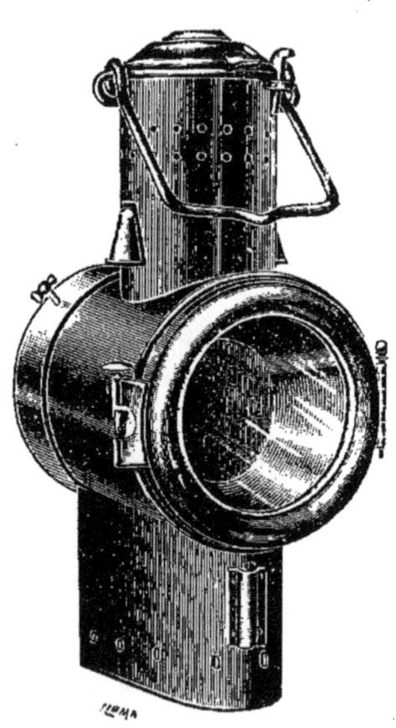

Charge en carbure	0 k. 600
Poids à vide	5 k. 500
Poids en ordre de marche	6 k. 600
Hauteur	0 m. 430

Établissements Albert BUTIN

PARIS

LANTERNE POUR LA TRACTION

Modèle NORD 924

pour Visiteurs.

avec tube-magasin porte-bec orientable, frette protectrice, etc.
modèle très robuste. tout en laiton.

Charge en carbure	0 k. 250
Poids à vide	1 k. 450
Poids en ordre de marche	2 k. 050
Hauteur	0 m. 320

Établissements Albert BUTIN

PARIS

LANTERNES POUR LA TRACTION

Modèles EST 700 et A L 700

Pour Visiteurs.

Corps en laiton. - Réservoir à carbure en tôle ou laiton au choix.

Dans le modèle A L 700, l'un des feux latéraux est rouge et peut être masqué par un volet.

Charge en carbure	0 k. 600
Poids à vide	1 k. 780
Poids en ordre de marche	2 k. 800
Hauteur	0 m. 270

Établissements Albert BUTIN

PARIS

LANTERNE POUR LA TRACTION

Modèle M A (P L M)

Cette lanterne résulte de la combinaison de nos lampes modèles A et CC avec la cage de l'ancienne lanterne à huile type M de la Compagnie P L M.

En tôle et laiton.

Pour Agents de la Traction.

Charge en carbure	0 k. 250
Poids à vide	1 k. 620
Poids en ordre de marche	2 k. 130
Hauteur	0 m. 330

Établissements Albert BUTIN
PARIS

LANTERNE POUR LA TRACTION

Modèle P L M 400

Afin d'en diminuer le poids, la capacité du réservoir d'eau correspond seulement à la moitié de la charge maximum de carbure. Tout en laiton.

Pour Visiteurs.

Charge en carbure	0 k. 250
Poids à vide	1 k. 300
Poids en ordre de marche	1 k. 710
Hauteur	0 m. 250

Établissements Albert BUTIN

PARIS

LANTERNE POUR LA TRACTION

Modèle ETAT 500

Avec gaîne arrière contenant un verre rouge
que l'on peut placer sur la face avant. Tout en laiton.

Pour Visiteurs.

Charge en carbure	0 k. 500
Poids à vide	1 k. 600
Poids en ordre de marche	2 k. 600
Hauteur	0 m. 380

Établissements Albert BUTIN

PARIS

LANTERNE POUR LA TRACTION

Modèle MIDI 924 (Type unifié)

Lanterne monobloc : le carburateur, le réservoir à eau et la cage sont solidaires.

Pour Agents de Dépôts et Visiteurs.

Charge en carbure	0 k. 750
Poids à vide.	2 k. 600
Poids en ordre de marche	4 k.
Hauteur	0 m. 340

Établissements Albert BUTIN

PARIS

GÉNÉRATEURS POUR LA TRACTION

Modèle A B (Système A. BUTIN)

ÉCLAIRAGE, SOUDURE ET DÉCOUPAGE

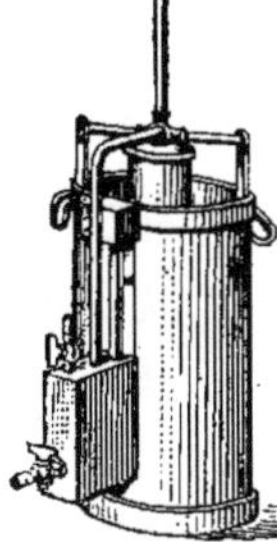

Chaque appareil est muni d'une soupape hydraulique de sûreté calculée spécialement. Le gaz acétylène est produit sous une pression de 0 m.50 à 0 m. 80 d'eau excellente pour le bon fonctionnement des chalumeaux. Même construction et même fonctionnement que nos lampes intensives à contact.

Pour wagons de secours.

Numéros des Appareils	1	2	3
Charge maximum en carbure (kgs)	16	8	4
Production d'acétylène par charge (lit.)	4.800	2.400	1.200
Production maximum d'acétylène par heure (litres)	7.000	3.500	1.800
Pression de l'acétylène à la sortie du générateur (millimètres d'eau)	700	500	400
Épaisseur maxima des tôles que l'on peut souder (en millimètres)	30 et au-dess	25 à 30	12 à 15
Poids à vide (kgs)	45	35	30
Poids en ordre de marche (kgs)	105	80	50
Encombrem^t avec genouillère repliée	1.85 / 0.41	1.70 / 0.38	1.55 / 0.32

Établissements Albert BUTIN

PARIS

GÉNÉRATEURS POUR LA TRACTION

Modèles C et E (Système A. BUTIN)

SOUDURE ET DÉCOUPAGE

Identiques aux Modèles A B mais sans le dispositif d'éclairage.

Pour Ateliers - Dépôts - Travaux extérieurs.

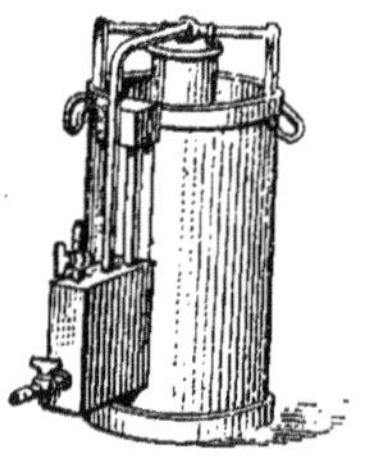

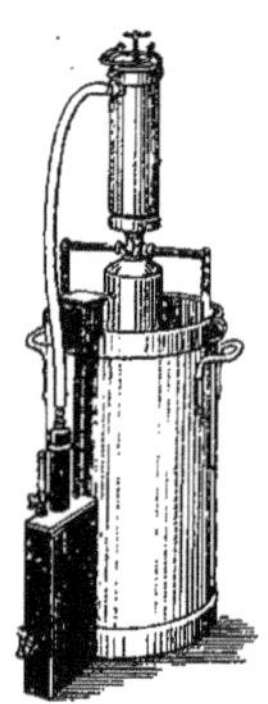

Modèle C **Modèle E**

Le modèle E diffère du modèle C par l'adjonction d'un second épurateur suplémentaire dont le poids est de 1 k. 700 et la hauteur 0 m. 36.

Numéros des Appareils.	1	2	3
Charge maximum en carbure (kgs) .	16	8	4
Production d'acétylène par charge (lit.)	4.800	2.400	1.200
Production maximum d'acétylène par heure (litres)	7.000	3.500	1.800
Pression de l'acétylène à la sortie du générateur (millimètres d'eau). . .	700	500	400
Épaisseur maxima des tôles que l'on peut souder (en millimètres). . . .	30 et au-dess.	25 à 30	12 à 15
Modèle C — Poids à vide (kgs)	40	20	25
Modèle C — Poids en ordre de marche (k.)	100	75	45
Modèle C — Encombrement — Hauteur.	100	0.85	0.70
Modèle C — Encombrement — Diamètre	0.41	0.[illegible]8	0.32

Établissements Albert BUTIN

PARIS

POSTE COMPLET POUR LA TRACTION

Modèle " Génie " (SYSTÈME A. BUTIN)

ÉCLAIRAGE, SOUDURE, DÉCOUPAGE

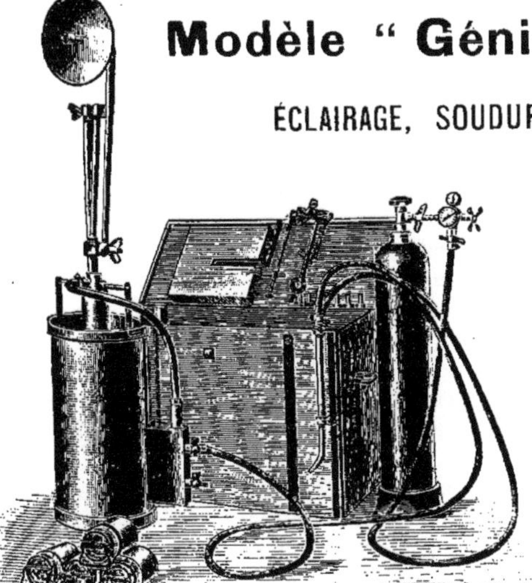

Modèle réglementaire de l'Armée Française (Section de chemins de fer, équipages de ponts).

Wagons de secours.

Chemins de fer coloniaux.

COMPOSITION

1 Générateur A. B. No 2.
1 Réflecteur maillechort.
2 Tiges porte-réflecteur.
1 Tubulure articulée.
3 Brûleurs complets.
1 Soupape hydraulique, type « Génie ».
1 Tubulure de soupape, laiton.
1 Manodétendeur 0 à 20 kgs.
1 Chalumeau soudeur No 2.
7 Têtes de rechange pour do.
1 Chalumeau découpeur No 2.
4 Têtes de rechange pour do.
10 Mètres tuyaux pour acétylène
10 Mètres tuyaux pour oxygène.
5 Mètres tuyaux pr découpage.
4 Bidons à carbure de 5 kgs.
2 Ecrous à oreilles laiton.
3 Rondelles de contre-écrou.
10 Colliers ligature laiton.
2 Raccords doubl. pr raboutage
2 Paires de lunettes.
1 Pince de gazier.
1 Pince universelle.
1 Bobine fil laiton.
1 Boîte graisse consistante.
1 Boîte pâte pour joints.
1 Boîte pâte à polir.
2 Rondelles cuir pour joints.
2 Boîtes allumettes tison.
1 Feutre d'épurateur.
1 Cadenas d'artillerie.

Le tout renfermé dans un caisson à ferrures extra-robuste, couvercle doublé tôle.

29

Établissements Albert BUTIN

PARIS

POSTES PORTATIFS POUR LA TRACTION

Modèle EST (pour Ateliers)

Ce poste comprend :

1 Chariot,
1 Générateur E 3.
1 Panier à carbure de rechange.
1 Soupape hydraulique.
1 Manodetendeur.
6 mètres tuyaux cuirassés pour oxygène.
6 mètres tuyaux cuirassés pour acétylène.
1 Chalumeau soudeur No 2.
ou
1 Chalumeau découpeur No 2.
1 Paire de lunettes.

Le chariot est disposé pour recevoir n'importe quelle bouteille d'oxygène.

Modèle P L M (pour wagons de secours)

Ces postes comprennent les éléments séparés suivants qui se placent dans les wagons de secours :

1 Générateur modèle A B No 2.
1 Chalumeau découpeur No 2.
1 Bidon à carbure de 20 kgs.
1 Soupape hydraulique.
1 Manodetendeur de 0 à 20 kgs.
20 m. Tuyaux cuirassés pour oxygène.
20 m. Tuyaux cuirassés pour acétylène.
2 Raccords doubles pour raboutage.
8 Colliers ligatures.
1 Paire de lunettes.

Établissements Albert BUTIN

PARIS

CHALUMEAUX

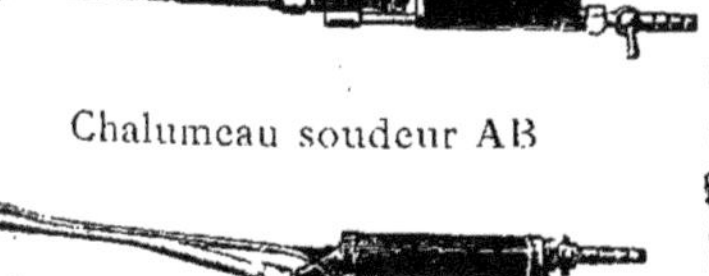

Chalumeau soudeur AB

Chalumeau soudeur Picard

Chalumeau découpeur Pyrocopt

Chalumeau fondeur S

Chalumeau découpeur S

SOUDEURS

CHALUMEAUX A. B.			CHALUMEAUX PICARD			CHALUMEAUX S.		
Nos	1	2	Réduit	1	2	0	1	2
Nombre de têtes	7	7	5	7	7	7	7	7
Débit d'acétylène à l'heure (litre)	100 à 1.000	1.000 à 4.000	25 à 300	100 à 1.000	1.000 à 4.000	25 à 300	100 à 1.000	1.000 à 4.000
Epaisseurs soudées (en m/m)	1 à 10	10 à 30	1/2 à 5	1 à 10	10 à 30	1/2 à 5	1 à 10	10 à 30

DÉCOUPEURS

Types Pyrocopt
- Modèle réduit, découpant jusqu'à 15 m/m, 3 têtes.
- No 1 — — 50 m/m, 2 —
- No 2 — au-dessus de 50 m/m, 3 —

Type S. . . . .
- No 0, découpant jusqu'à 15 m/m, 2 têtes.
- No 1 — — 50 m/m, 2 —
- No 2 — au-dessus de 50 m/m, 3 —

Établissements Albert BUTIN

PARIS

ACCESSOIRES

POUR SOUDURE ET DÉCOUPAGE

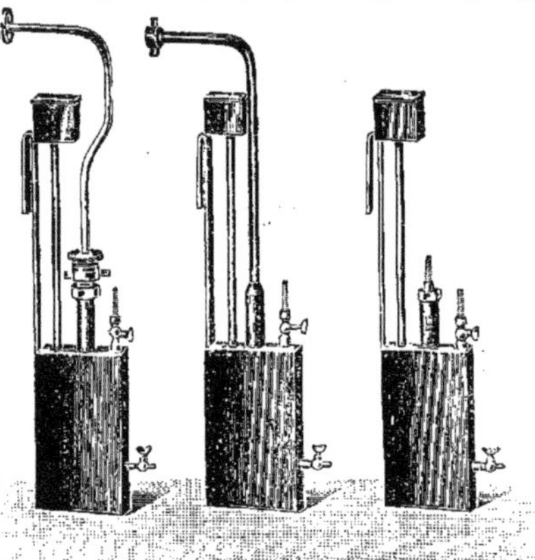

Soupapes rectangulaires
Génie. Aviation. Ordinaire.

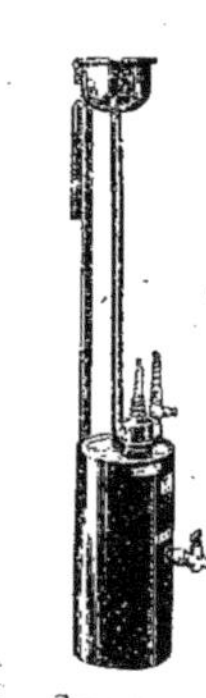

Soupape cylindrique

Soupapes Hydrauliques

Toutes nos soupapes sont amovibles et s'acrochent au rebord de nos générateurs chacune d'elles est calculée pour la pression et le débit du générateur auquel elle est destinée.

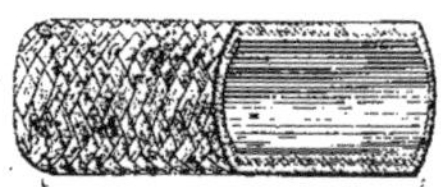

Tuyaux caoutchouc

Nous préconisons les **tuyaux cuirassés** pour leur résistance et leur durée et parceque ce sont les seuls satisfaisant aux exigences administratives (protection contre les détériorations par brulures.)

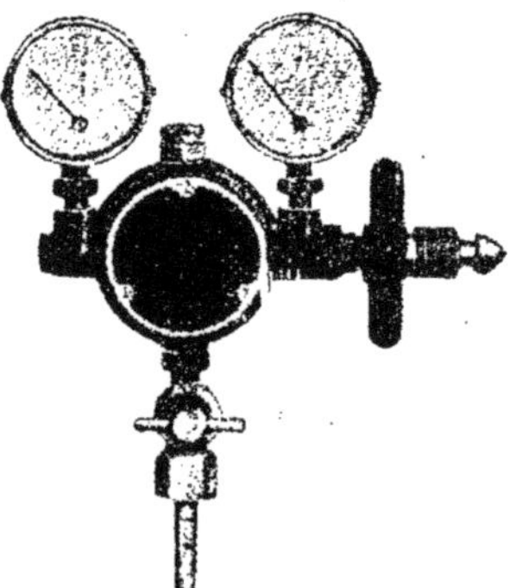

Lunettes

Simples. Monture aluminium.

Mano-Détendeurs

d'Oxygène

Deux types :

Pour soudure seule, gradué de 0 à 5 k.
Pour soudure et découpage — 0 à 20 k.

Civière Type P L M

pour le transport des bout[lles] d'oxygène

Établissements Albert BUTIN

PARIS

LAMPES POUR LA TRACTION

Modèles C 136 et C 250, 251, 252

Petites lampes pour Ingénieurs, Contrôleurs, Monteurs, Mécaniciens.

C 136

en laiton

Charge en carbure	65 gr.
Poids à vide.	200 gr.
Poids en ordre de marche	380 gr.
Hauteur	0 m. 10

C 250

en tôle étamée avec étui magasin pour bec de rechange et nettoyeur.

Charge en carbure	0 k. 250
Poids à vide	0 k. 500
Poids en ordre de marche . .	1 k. 000
Hauteur	0 m. 180

Le modèle **C 251** ne possède pas d'étui magasin.

Le modèle **C 252** comme 251, mais avec réflecteur mobile sur le tube-porte-bec.

Établissements Albert BUTIN

PARIS

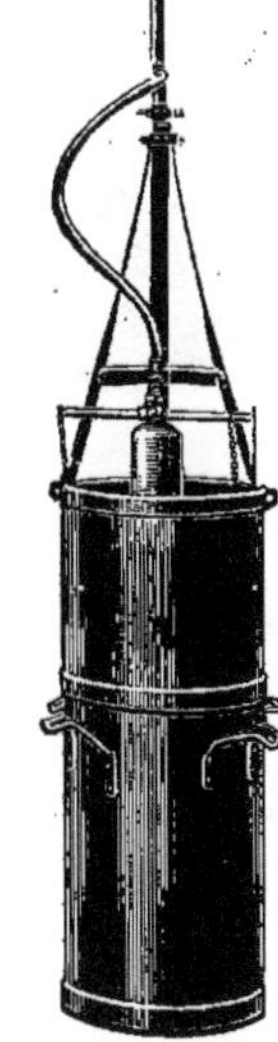

LAMPES INTENSIVES

POUR LA VOIE

Modèle N V 29

Étudiées spécialement pour les travaux de voie. Réflecteur à section rectangulaire, deux becs intensifs, manœuvre simple et rapide de la tubulure. Raccord pour bec auxiliaire.

Caractéristiques

Nos		0	1
Charge en carbure (kgs)		24	16
Consommation par heure (kgs)		3	2
Durée avec charge normale		8 h.	8 h
Puissance lumineuse (bougies)		3000	2000
Eclairement en lux sur le sol.	au pied de l'appareil	22	15
	à 20 mètres	5	3
Poids de l'appareil	à vide	65 kg.	55 kg.
	en charge	165 kg.	137 kg.
Hauteur des flammes au-dessus du sol		4m50	4m00

29

Établissements Albert BUTIN

PARIS

LAMPE INTENSIVE DE CHANTIERS

avec mât métallique de 7 mètres

Modèle adopté pour les

Chemins de Fer Coloniaux Français

Chaque appareil comprend :

1 Générateur No 0, 1, 2 ou 3.
1 Mât métallique de 7 m. composé de 3 tubes se vissant les uns aux autres.
1 Palonnier fixe.
1 Plaque d'assise.
1 Genouillère auxiliaire orientable.
1 Bec intensif BUTIN complet avec réflecteur maillechort.
3 Câbles métalliques de 15 m. avec tendeurs à vis.
1 Câble métallique de manœuvre.
10 mètres de tuyau caoutchouc.

Établissements Albert BUTIN

PARIS

LANTERNE POUR LA VOIE

Modèle V 254

Pour Agents de la Voie, gardes barrières, draisines.
Gaîne d'accrochage à l'arriere. Tout en laiton.

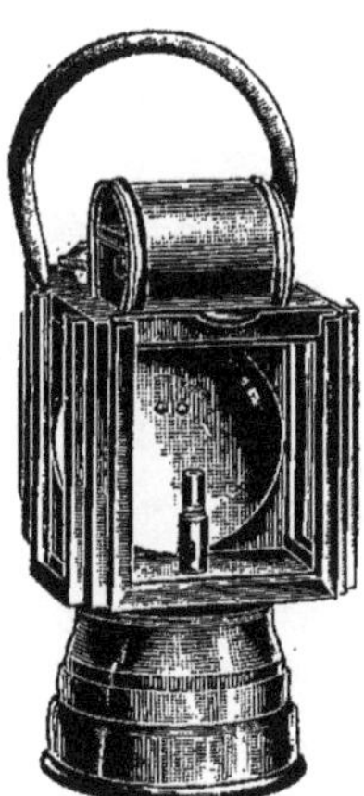

Charge en carbure	0 k. 250
Poids à vide	1 k. 050
Poids en ordre de marche	1 k. 030
Hauteur	0 m. 300

Établissements Albert BUTIN
PARIS

LANTERNE POUR LA VOIE
Modèle N N 250

Trois faces éclairantes, sans volets, avec patte ou gaîne d'accrochage à l'arrière.
Pour Agents de la Voie, draisines, barrières, etc.
Tout en laiton.

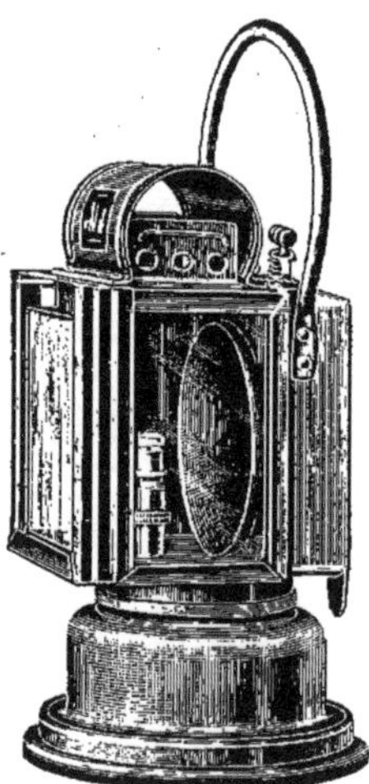

Charge en carbure	0 k. 250
Poids à vide	1 k. 280
Poids en ordre de marche	1 k. 750
Hauteur	0 m. 290

Établissements Albert BUTIN
PARIS

LANTERNES POUR LA VOIE

Modèles 514 et 518

Cette lanterne est constituée par la combinaison de notre lampe série P T.T avec une cage du Modèle dit Omnibus de la Compagnie du Nord.

Tôle vernie. - Très robuste.

Pour Agents des Voies.

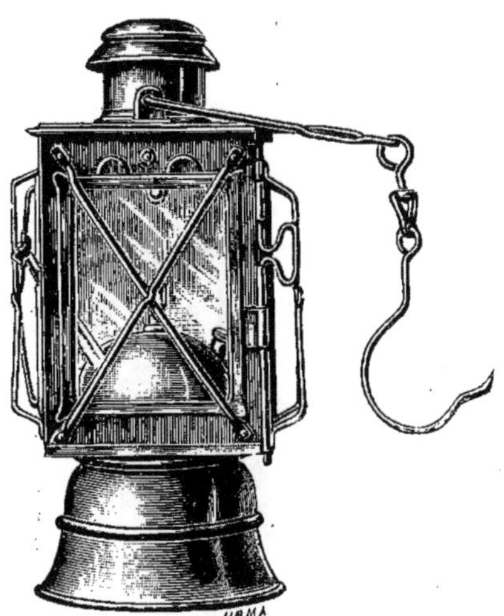

Modèle 514 Trois faces vitrées et un réflecteur.

Modèle 518 Quatre faces vitrées.

Caractéristiques communes aux deux Modèles

Charge en carbure	0 k. 500
Poids à vide	1 k. 900
Poids en ordre de marche	2 k. 850
Hauteur	0 m. 340

Établissements Albert BUTIN

PARIS

LANTERNE POUR LA VOIE

Modèle H 500

Fermeture par vissage direct. Lampe de mine à feu protégé.
Tôle emboutie. Très robuste.
En tôle galvanisée.

Pour travaux de voie et souterrains.

Charge en carbure	0 k. 500
Poids à vide	1 k. 370
Poids en ordre de marche	1 k. 900
Hauteur	0 m. 330

Établissements Albert BUTIN

PARIS

LAMPE POUR LA VOIE

Modèle A 918

A réflecteur parabolique monté sur articulation.
Pour inspection des Tunnels et Transmissions aériennes.
En tôle galvanisée.

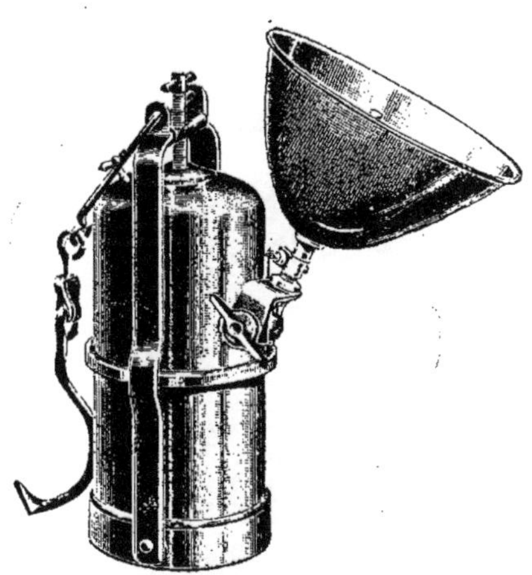

Etrier à vis indépendante, monté sur frette protectrice ceinturant la base du carburateur, crochets à bélière, joint protégé. forte garde d'eau, porte-bec articulé, grand réflecteur parabolique en maillechort.

Charge en carbure	0 k. 600
Poids à vide	2 k. 500
Poids en ordre de marche	3 k. 900
Hauteur	0 m. 300

Établissements Albert BUTIN

PARIS

LANTERNE POUR LA VOIE

Modèle A L 470

Trois feux, un seul volet rouge latéral.

Pour Agents des Voies. - Tunnels.

Tout en laiton.

Charge en carbure	0 k. 470
Poids à vide	2 k. 250
Poids en ordre de marche	3 k. 200
Hauteur	0 m. 340

Établissements Albert BUTIN

PARIS

LANTERNE POUR LA VOIE

Modèle N 429

Quatre feux. Deux volets. Eclairage direct du sol devant l'agent.

Pour Agents des Voies. Gardes sémaphores, etc.

Feu arrière.

Charge en carbure	0 k. 470
Poids à vide	2 k. 300
Poids en ordre de marche	3 k. 200
Hauteur	0 m. 360

29

Établissements Albert BUTIN

PARIS

SUSPENSION POUR LA VOIE

Modèle 300

Pour Halls, Cours, Quais, Éclairages intérieurs.

En tôle galvanisée, fer forgé et laiton. — Modèle très robuste.

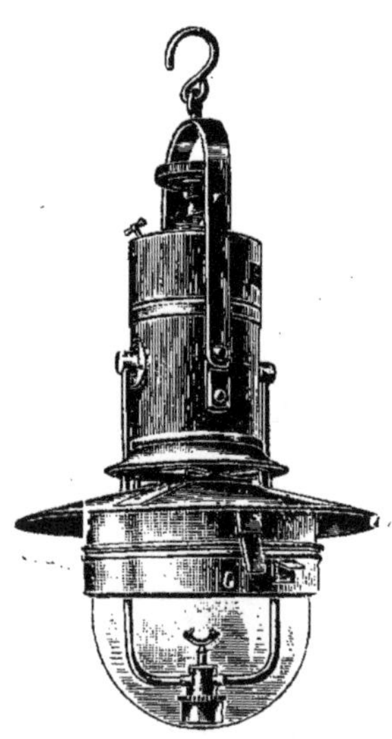

Charge en carbure	1 k.
Poids à vide	7 k.
Poids en ordre de marche	9 k.
Hauteur	0 m. 550

LANTERNE POUR LA VOIE

Modèle E A 29 (État Algérien)

pour Quais, Passages à niveau, etc.

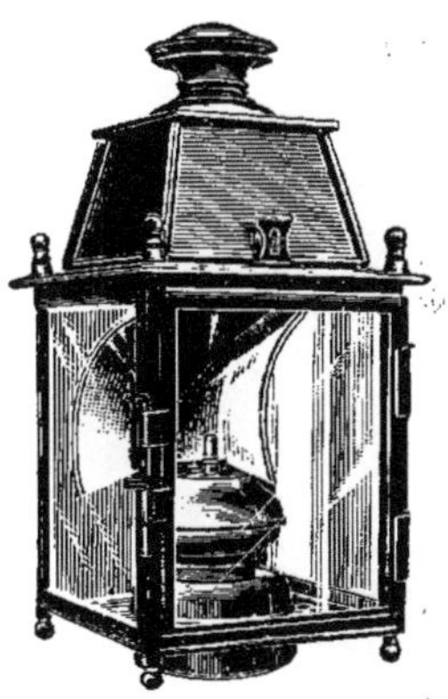

Ce manchon applique dont les dimensions d'encombrement sont 55×28×28, peut être équipé soit avec notre lampe T 660 chargeant 1 kg., soit avec notre lampe T 610 chargeant 0 kg. 350 de carbure.

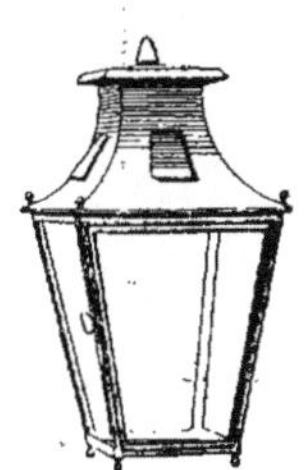

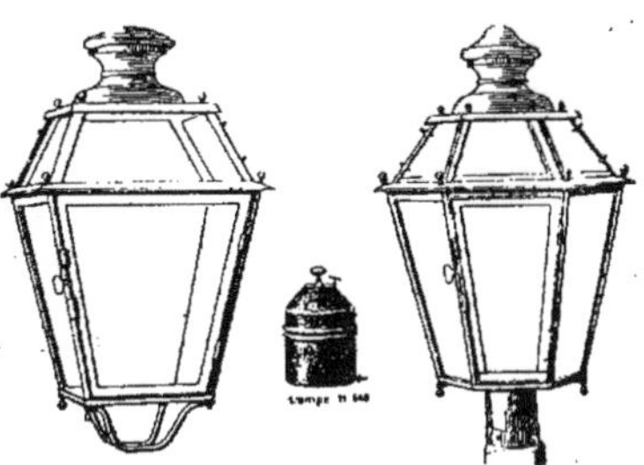

Nous construisons tous les modèles de reverbères des grands réseaux.

Nous pouvons adapter nos lampes **Série T** a tous les anciens modèles de reverbères à huile ou au pétrole

Établissements Albert BUTIN

PARIS

ACCESSOIRES POUR LAMPISTERIES

Bidons à Carbure

en tôle galvanisée, étanchéité absolue.

Pour wagons de secours
et lampisteries.

Contenance en kgs :
5 - 10 - 15 - 20 - 25 - 50

Distributeur de Carbure

Type P O

Contenance : 50 kilogrammes

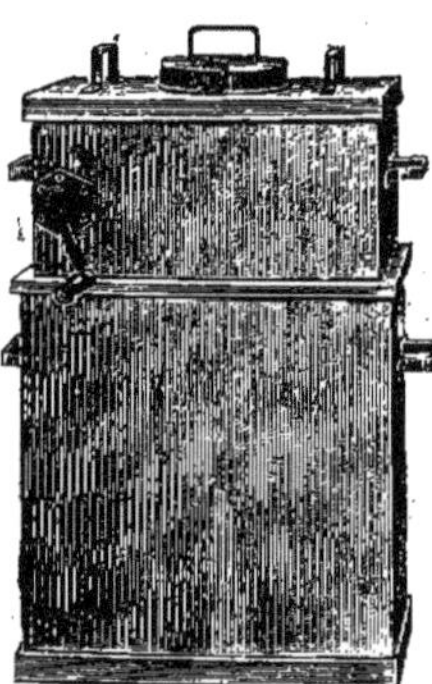

Crible à Carbure

Manivelle à secousses.

Type P O

(Système Mentien)

ACCESSOIRES POUR BECS

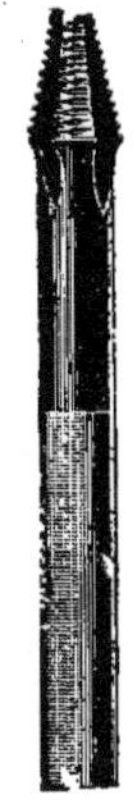

931 Taraud
pour filetage
du siège des becs

987 903
Étuis-Nettoyeurs
Nickelé Laiton décolleté

Étui-Brosse
pour Becs
Roni et Deto

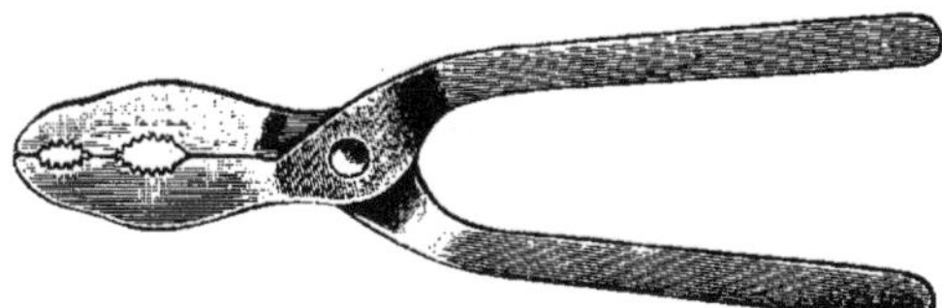

932 Pince plate pour becs.

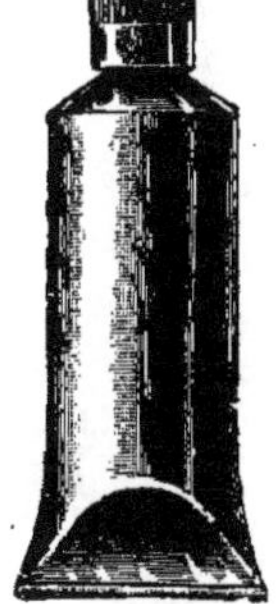

331 Tube
de mastic spécial,
pour joints de bec.

930 Pince renforcée façon Angers.

Établissements Albert BUTIN

PARIS

BECS FRANÇAIS ET ANGLAIS

adoptés par les Réseaux Français

Les Becs 552, 553 et Vika donnent une flamme bougie.

222

560

552

553

559

Roni

Deto

Ceto

Beto

Vika

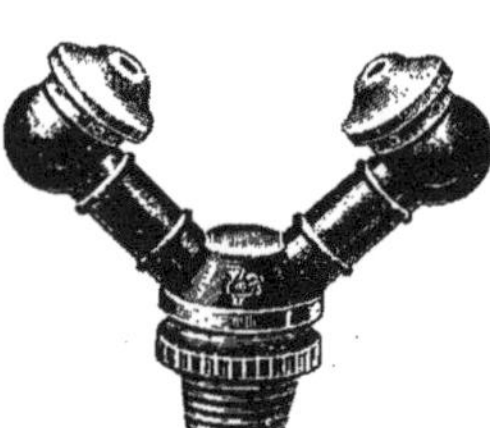
1050

1051 et 1080

Finax

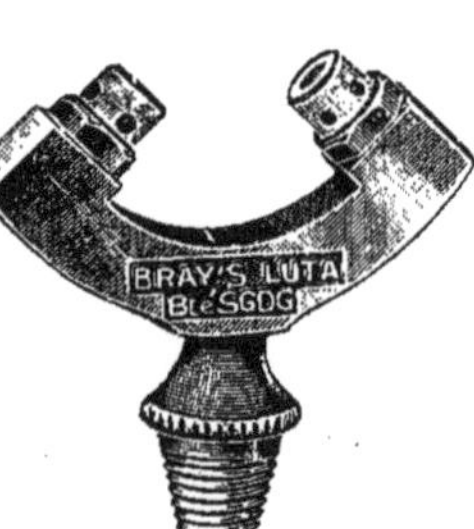

Luta

www.ingramcontent.com/pod-product-compliance
Ingram Content Group UK Ltd.
Pitfield, Milton Keynes, MK11 3LW, UK
UKHW020350180726
13839UKWH00003B/1002

9 782329 210018